CORACÃO SELVAGEM

JOHN ELDREDGE

CORAÇÃO SELVAGEM

DESCOBRINDO OS SEGREDOS DA ALMA DO HOMEM

Thomas Nelson
Brasil

Título original: *Wild at heart*
Copyright © 2010 por John Eldredge.
Edição original por Zondervan. Todos os direitos reservados.
Copyright de tradução © Vida Melhor Editora, S. A., 2019.
Todos os direitos desta publicação são reservados por Vida Melhor Editora, LTDA.

GERENTE EDITORIAL	*Samuel Coto*
EDITOR	*André Lodos Tangerino*
PRODUÇÃO EDITORIAL	*Bruna Gomes*
COPIDESQUE	*Patrícia Garcia*
REVISÃO	*Sônia Duarte e Nádia Roma*
CAPA	*Rafael Brum*
DIAGRAMAÇÃO	*Julio Fado*

As citações bíblicas são da Nova Versão Internacional (NVI), a menos que seja especificada outra versão da Bíblia Sagrada. Os pontos de vista desta obra são de responsabilidade do autor, não refletindo necessariamente a posição da Thomas Nelson Brasil, da HarperCollins Christian Publishing ou de sua equipe editorial.

Dados Internacionais de Catalogação na Publicação (CIP)
Angélica Ilacqua CRB-8/7057

E39c
    Eldredge, John
    Coração selvagem : descobrindo os segredos da alma do homem / John Eldredge ; tradução de Talita Nunes. -- Rio de Janeiro : Thomas Nelson, 2019.
    304 p.

Título original: Wild at heart
ISBN: 978-85-7167-005-1

1. Vida cristã 2. Homem cristão - Vida religiosa 3. Masculinidade - Aspectos religiosos - Cristianismo I. Título II. Nunes, Talita

19-0608   CDD 248.842
                                                          CDU 248.12-055.1

Thomas Nelson Brasil é uma marca licenciada à Vida Melhor Editora LTDA.
Todos os direitos reservados à Vida Melhor Editora LTDA.
Rua da Quitanda, 86, sala 601A - Centro
Rio de Janeiro - RJ - CEP 20091-005
Tel.: (21) 3175-1030
www.thomasnelson.com.br

Para Samuel, Blaine e Luke.
Amo o coração guerreiro de vocês.
Vocês, definitivamente, têm aquilo que é preciso.

SUMÁRIO

Agradecimentos 9
Introdução 11

CAPÍTULO 1
Coração selvagem 17

CAPÍTULO 2
O selvagem cuja imagem carregamos 41

CAPÍTULO 3
A pergunta que assombra todo homem 63

CAPÍTULO 4
A ferida 87

CAPÍTULO 5
A batalha pelo coração de um homem 107

CAPÍTULO 6
A voz do pai 131

CAPÍTULO 7
Curando a ferida 157

CAPÍTULO 8
Uma batalha para lutar: O inimigo 183

CAPÍTULO 9
Uma batalha para lutar: A estratégia 205

CAPÍTULO 10
A bela a ser resgatada 233

CAPÍTULO 11
Uma aventura para viver 255

CAPÍTULO 12
Escrevendo o próximo capítulo 279

Epílogo 283
Apêndice: A oração diária 285
Oração por cura sexual 291

AGRADECIMENTOS

Meus sinceros agradecimentos aos que me ajudaram a escalar esta montanha: Sam, Blaine, Luke, Jenny, Aaron, Morgan, Cherie, Julie, Gary, Leigh, Travis, Sealy, Stasi e Brian e Kyle, da Thomas Nelson.

Ao grupo de pôquer das noites de quinta-feira e a todos os que oraram por mim, de perto e de longe.

Ao Brent, por me ensinar mais do que qualquer outro sobre o que significa ser um homem; e ao Craig, por empunhar a espada.

INTRODUÇÃO

Eu sei. Quase me dá vontade de me desculpar. *Misericórdia! Precisamos mesmo de mais um livro para homens?* Não. Nós precisamos de outra coisa. Precisamos de *permissão*. Permissão para ser o que somos: homens criados à imagem de Deus. Permissão para viver guiado pelo coração e não pela lista de "deve" e "tem de", que a tantos de nós já cansou e entediou.

A maioria das mensagens para os homens acaba, ao final, falhando. A razão é simples: elas ignoram o que é profundo e verdadeiro no *coração* de um homem, suas verdadeiras paixões, e simplesmente tentam moldá-lo por meio de várias formas de pressão. "Este é o homem que você *deve* ser. Isto é o que um bom marido/pai/cristão/homem da igreja *deve* fazer." Preencha as lacunas a partir disso. Ele é responsável, sensível, disciplinado, fiel, diligente, zeloso etc. Muitas dessas qualidades são boas. Que esses mensageiros são bem-intencionados, não tenho dúvidas. Mas o caminho para o inferno, como sabemos, é pavimentado de boas intenções. Que eles são praticamente um fracasso total, já deve estar óbvio a essa altura.

Na verdade, os homens precisam de outra coisa. Eles precisam de uma compreensão mais profunda da razão pela qual anseiam por aventuras, batalhas e uma Bela – e por que Deus os fez *exatamente assim*. E eles precisam de uma compreensão mais profunda da razão pela qual as mulheres desejam que eles lutem por elas, que sejam levadas para a aventura e desejam *ser* essa bela. Pois também foi assim que Deus as fez.

Assim, eu ofereço este livro, não como os sete passos para ser um cristão melhor, mas como um "safári do coração" para recuperar uma vida de liberdade, paixão e aventura. Acredito que ele ajudará os homens a recuperarem o próprio coração — e as mulheres também. Além disso, ajudará as mulheres a entenderem seus homens e a nos auxiliarem a viver a vida que todos desejam.

Essa é a minha oração por você.

DEZ ANOS DEPOIS

Na semana passada, meus meninos (agora, jovens homens) e eu tínhamos motivos para visitar nosso antigo bairro e a casa em que eles cresceram e passaram todos os anos da infância. Foi uma experiência pungente. "Não acredito que costumávamos brincar de pega-pega naquele quintal", disse Luke. "É minúsculo!" O jardim da frente foi, outrora, um reino para jogos e batalhas; agora ele podia ser atravessado com algumas passadas de suas longas pernas. "Sem chance", falou Blaine entrando, "estes degraus eram gigantescos." Os famosos degraus que eles usavam para saltar aterrissando nos meus braços, embaixo. "Não consigo acreditar no quão pequeno tudo isso parece!" Você teve experiências semelhantes: lugares e pessoas que outrora pareciam míticos, perdem a grandeza quando retornamos a eles em um tempo diferente, em um estado mental diferente.

Eu temia que isso fosse acontecer quando eu reabrisse as páginas deste livro.

INTRODUÇÃO

Passaram-se dez anos desde que escrevi *Coração selvagem*. Muita água correu por debaixo da ponte. Meus meninos estão na faculdade agora. As linhas no meu rosto se aprofundaram. Já passei muito tempo com homens durante esse tempo. Tenho mais do que umas poucas cicatrizes. Será que ainda acredito no que eu escrevi? Isto se provou verdade nesses dez duros anos desde que eu redigi estes pensamentos?

A resposta é: ainda mais agora.

É, de fato, *mais verdadeiro*, se é que tal coisa pode ser, muito mais verdadeiro do que eu soube quando era mais jovem. Soa eterno e universal. Deus estava nisso naquela época; ele ainda está hoje.

Jesus nos deu um belo e simples teste para a medição de qualquer coisa, quando ele disse, sem rodeios: "Vocês os reconhecerão por seus frutos" (Mateus 7:16). Um teste direto ao ponto. Você pode usá-lo para expor uma igreja, um movimento, homem ou nação. Qual é o seu fruto? Qual foi a consequência causada por isso? Eu o considero um teste imediato e revelador.

E sinto-me honrado em dizer que o fruto deste pequeno livro tem sido, ora, diferente de tudo que já vi. Absolutamente fenomenal! Ele curou a vida de prisioneiros na Colômbia, libertou o coração de padres católicos na Eslováquia. Alcançou os saguões do Congresso e o quartinho nos fundos dos abrigos para os sem--tetos, restaurou a família de homens na Austrália, lançou um movimento de libertação e redenção em homens ao redor do mundo. *Funciona*. Mas você não precisa acreditar nisso que estou falando. Venha e veja por si mesmo.

Eu tentei trazer a esta edição de décimo aniversário as lições aprendidas desde o lançamento do livro, esclarecendo questões que trouxeram confusão e, mais importante, adicionei a orientação prática de que os homens precisam para o livro cumprir o que promete. Pode lhe interessar saber sobre um Manual de campo, escrito por mim, para acompanhá-lo. Um guia que irá aprofundar e assegurar sua experiência com Deus aqui. Muitos homens o têm achado útil. Além disso, criamos uma série de DVDs, os quais têm sido usado pelos homens em pequenos grupos de "irmãos de guerra", com resultados tremendos.

Que Deus encontre você por meio destas páginas e lhe restaure como um homem dele.

JOHN ELDREDGE
Colorado, 2010

"Não é o crítico que conta; não é o homem que aponta como tropeça o homem forte ou onde o praticante de obras poderia ter feito melhor. O crédito pertence ao homem que está de fato na arena, cujo rosto é marcado por poeira, suor e sangue; que esforça-se valentemente... que conhece grandes entusiasmos, as grandes devoções; que se dedica a uma causa digna; que, na melhor das hipóteses, experimenta, ao final, o triunfo da grande realização, e que, na pior delas, se falhar, ao menos falha ao ousar muito, para que o seu lugar nunca seja com aquelas almas frias e tímidas que não conhecem a vitória nem a derrota."

THEODORE ROOSEVELT

"O Reino dos céus é tomado à força, e os que usam de força se apoderam dele."

MATEUS 11:12

CAPÍTULO 1

CORAÇÃO SELVAGEM

"O coração reflete quem somos nós."

PROVÉRBIOS 27:19

"A vida espiritual não pode tornar-se suburbana. Ela é sempre fronteiriça, e nós, que vivemos nela, devemos aceitar e mesmo nos alegrar que ela permaneça indomável."

HOWARD MACEY

"Eu quero cavalgar até o cume, onde o oeste começa.
Não aguento ver entraves e não suporto cercas;
Não me cerque."

COLE PORTER
"Don't Fence Me In" [Não me cerque].

Finalmente, estou cercado por território selvagem. O vento no topo dos pinheiros, atrás de mim, soa como o oceano. As ondas do grande azul acima estão apressadas, elevando-se sobre o cume da montanha que escalei, em algum lugar na cordilheira de Sawatch Range, no centro de Colorado. Espalhando-se abaixo de mim, a paisagem é um mar de arbustos de sálvia, por quilômetros e quilômetros solitários. Zane Gray imortalizou-a como a sálvia roxa, mas, na maior parte do ano, ela é mais um cinza prateado. Este é o tipo de território que você pode cruzar durante dias no lombo de um cavalo sem ver outra viva alma. Hoje estou a pé. Embora o sol esteja brilhando esta tarde, não aquecerá mais do que zero graus perto da Divisória Continental, e o suor que eu produzi escalando, agora está me fazendo tremer. É final de outubro, e o inverno está chegando. Ao longe, quase 160 quilômetros ao sul na direção sudoeste, as montanhas de San Juan já estão cobertas por neve.

O aroma da sálvia pungente ainda se agarra ao meu jeans e areja minha cabeça, enquanto respiro com dificuldade – com um suprimento de ar notavelmente curto a 3 mil metros. Sou forçado a descansar de novo, mesmo sabendo que cada pausa amplia a distância entre mim e minha presa. Ainda assim, a vantagem sempre foi dela. Embora os rastros que encontrei esta manhã fossem recentes – com apenas algumas horas – isso é pouco promissor. Um imenso cervo pode facilmente cobrir quilômetros de território acidentado nesse período, especialmente se ele estiver ferido ou em fuga.

O uapiti, como os índios o chamavam, é uma das criaturas mais fugidias que nos resta lá nos Estados Contíguos. Eles são os reis fantasmas das regiões altas, mais cautelosos e atentos que os veados, e mais difíceis de serem rastreados. Eles vivem em altitudes bastante elevadas e viajam mais longe em um dia do que qualquer outra presa. Os machos principalmente, parecem ter um sexto sentido para a presença humana. Umas poucas vezes eu cheguei perto; no momento seguinte, eles se haviam ido, desaparecendo silenciosamente em bosques tão espessos de álamos onde você não acreditaria que um coelho conseguisse passar pelo meio deles.

Não foi sempre assim. Durante séculos, os uapitis viviam nas pradarias, pastando nas ricas gramas juntos, em grande número. Na primavera de 1805, Meriwether Lewis descreveu os rebanhos que passavam refestelando-se aos milhares, enquanto ele seguia em busca de uma Passagem Noroeste. Algumas vezes, os curiosos vagavam tão perto que era possível jogar gravetos neles, como vacas leiteiras bucólicas bloqueando a estrada. Mas, no final do século, a expansão para o oeste havia empurrado o uapiti para as Montanhas Rochosas. Agora eles são fugidios, escondendo-se no limite florestal como foras da lei, até que fortes nevascas os obriguem a sair para o inverno. Se alguém for procurar por eles agora, é nos termos deles, em redutos proibitivos, bem além do alcance da civilização.

E foi por isso que eu vim.

E é por isso que ainda me demoro aqui, deixando o velho macho escapar. Minha caça, você vê, tem pouco a ver com cervos. Eu sabia disso antes de vir. Há outra coisa atrás da qual eu estou aqui na natureza aberta. Estou procurando por uma presa ainda mais fugidia... algo que só pode ser encontrado com a ajuda da região selvagem.

Eu estou procurando meu coração.

CORAÇÃO SELVAGEM

"Esta é a história das origens dos céus e da terra, no tempo em que foram criados: Quando o SENHOR Deus fez a terra e os céus, ainda não tinha brotado nenhum arbusto no campo, e nenhuma planta havia germinado, porque o SENHOR Deus ainda não tinha feito chover sobre a terra, e também não havia homem para cultivar o solo. Todavia brotava água da terra e irrigava toda a superfície do solo. Então o SENHOR Deus formou o homem do pó da terra e soprou em suas narinas o fôlego de vida, e o homem se tornou um ser vivente.

Ora, o SENHOR Deus tinha plantado um jardim no Éden, para os lados do leste, e ali colocou o homem que formara." (Gênesis 2:4-8)

Eva foi criada dentro da exuberante beleza do jardim do Éden. Mas Adão, se você notar, foi criado da própria terra, do barro. No registro de nosso início, o segundo capítulo de Gênesis deixa claro: o homem nasceu do cafundó, da parte indomada da criação. Depois ele é levado ao Éden. E, desde então, os meninos nunca se sentem em casa em ambientes fechados, e os homens têm um desejo insaciável de explorar. Nós ansiamos retornar; é quando a maioria dos homens ganha vida. Como disse John Muir: "quando um homem vai para as montanhas, ele vai para casa". O cerne do coração de um homem não é domesticado, e isso é bom. "Eu não estou vivo em um escritório", como diz um anúncio da North Face. "Eu não estou vivo em um táxi. Eu não estou vivo em uma calçada." Amém para isso. A conclusão? "Nunca pare de explorar."

Meu gênero parece precisar de pouco incentivo. Isso é natural, como nosso amor inato por mapas. Em 1260, Marco Polo partiu para encontrar a China e, em 1967, quando eu tinha sete anos, tentei, com meu amigo Danny Wilson, cavar um buraco direto em nosso quintal. Nós desistimos por volta dos 2,5 metros, mas rendeu um excelente forte. Aníbal ficou famoso por cruzar os Alpes. Chega um dia na vida de um menino em que ele atravessa a rua pela primeira vez e entra na companhia dos grandes exploradores. Scott e Amundsen correram pelo Pólo Sul, Peary e Cook competiam pelo Norte, e quando, no último verão, eu dei aos meus meninos uns trocados e a permissão para irem de bicicleta ao mercado comprar um refrigerante, alguém teria achado que eu lhes dei uma carta patente para irem encontrar o Equador. Magalhães navegou em direção ao oeste, ao redor da ponta da América do Sul – apesar dos avisos de que ele e a tripulação cairiam no fim da Terra – e Huck Finn partiu pelo Mississipi, ignorando ameaças semelhantes. Powell seguiu pelo Colorado passando por dentro do Grand Canyon, embora – não, *porque* – ninguém houvesse feito isso antes e todo mundo estivesse dizendo que não era possível ser feito.

E, assim, meus meninos e eu estávamos na margem do rio Snake, na primavera de 1998, sentindo aquele desejo ancestral de zarpar. O derretimento da neve estava alto aquele ano, excepcionalmente alto, e o rio transbordara de suas margens e subia, nos dois lados, por entre as árvores. No meio do rio, que é claro como cristal no final do verão, mas naquele dia parecia leite com chocolate, troncos flutuavam rio abaixo, grandes emaranhados de galhos maiores que um carro, e sabe-se lá o que mais. Profundo, lamacento e rápido, o Snake estava proibitivo. Nenhum outro *rafter* seria visto. Já falei que estava chovendo? Mas tínhamos uma canoa novinha em folha e os remos estavam na mão e, com certeza, eu nunca tinha flutuado pelo Snake em uma canoa, nem em qualquer outro rio sequer! Mas, quem liga? Nós entramos e partimos para o desconhecido, como Livingstone mergulhando no interior da sombria África.

Aventura, com todos os seus requisitos de perigo e selvageria, é um desejo profundamente espiritual escrito na alma do homem. O coração masculino precisa de um lugar onde nada seja pré-fabricado, modular, sem gordura, embalado, franqueado, *on-line* ou que possa ir ao micro-ondas. Onde não haja prazos, celulares ou reuniões do comitê. Onde haja espaço para a alma. Um lugar onde, finalmente, a geografia à nossa volta corresponda à geografia de nosso coração. Olhe os heróis do texto bíblico: Moisés não encontra o Deus vivo no *shopping*. Ele o encontra (ou é encontrado por ele) em algum lugar no meio do deserto do Sinai, muito longe do conforto do Egito. O mesmo se aplica a Jacó, que tem seu combate de *wrestling* com Deus não no sofá da sala de estar, mas em um uádi, em algum lugar a leste de Jaboque, na Mesopotâmia. Onde o grande profeta Elias foi recuperar suas forças? No ermo selvagem. Assim como João Batista e seu primo Jesus, que *foram guiados pelo Espírito* ao deserto.

A despeito do que quer que aqueles exploradores buscassem, eles também estavam buscando por si mesmos. No profundo do coração de um homem estão algumas perguntas fundamentais que simplesmente não podem ser respondidas à mesa da cozinha:

"Quem sou eu? Do que eu sou feito? Ao que eu fui destinado?" É o medo que mantém um homem em casa, onde as coisas estão limpas, ordenadas *e sob seu controle*. Mas a resposta às suas perguntas mais profundas não são encontradas na televisão ou na geladeira. Lá fora, nas areias ardentes do deserto, perdido em um ermo sem trilhas, Moisés recebeu a missão e o propósito de sua vida. Ele é chamado, intimado para algo muito maior do que jamais imaginou, muito mais sério do que ser CEO ou "príncipe do Egito". Sob estrelas estrangeiras, na calada da noite, Jacó recebe um novo nome, seu verdadeiro nome. Ele não é mais um negociante astuto, agora é aquele que luta com Deus. A tentação de Cristo no deserto é, em seu cerne, um teste de sua *identidade*: "Se você é quem pensa que é..." A fim de, algum dia, descobrir quem é e por que está aqui, um homem tem de embarcar nessa jornada por si mesmo.

Ele tem de recuperar seu coração.

EXPANSÃO PARA O OESTE CONTRÁRIA À ALMA

A maneira como a vida de um homem se desdobra hoje em dia tende a levar seu coração a regiões remotas da alma. Horas sem fim diante da tela do computador; vendendo sapatos no *shopping*; reuniões; memorandos; telefonemas. O mundo dos negócios – onde a maioria dos homens americanos vive e morre – exige que o homem seja eficiente e pontual. Políticas e procedimentos corporativos são projetados com um único objetivo: atrelar o homem ao arado e fazê-lo produzir. Mas a alma recusa-se a ser domada; ela não conhece agendas, prazos e declarações de perdas e lucros. A alma anseia por paixão, por liberdade, por *vida*. Como disse D. H. Lawrence: "Eu não sou um mecanismo." Um homem precisa sentir os ritmos da terra; ele precisa ter em mãos algo real: o leme de um barco, um conjunto de rédeas, a aspereza da corda ou, simplesmente, uma enxada. Será que um homem pode viver todos os seus dias para manter as unhas limpas e aparadas? É isso que um menino sonha?

A sociedade em geral não consegue se decidir quanto aos homens. Tendo passado os últimos trinta anos redefinindo masculinidade em algo mais sensível, seguro, tratável e bem feminino, ela agora ralha com os homens por não serem homens. "Garotos são garotos", suspiram todos. Como se para um homem realmente crescer ele tivesse de abandonar o território selvagem, o desejo de viajar e sossegar, ficar em casa, para sempre na sala da tia Polly˙. "Onde estão os homens *de verdade?*" é um assunto regular em *talk shows* e livros novos. *Vocês pediram que eles se tornassem mulher*, é o que eu gostaria de responder. O resultado é uma confusão de gênero nunca experimentada em um nível tão abrangente na história do mundo. Como um homem pode saber que ele é um homem se seu maior objetivo é ter boas maneiras?

E então, infelizmente, tem a igreja. O cristianismo, como existe atualmente, causou danos à masculinidade. No final das contas, acho que a maioria dos homens na igreja acredita que Deus os colocou na terra para serem bons meninos. O problema com os homens, disseram-nos, é que eles não sabem manter as promessas, ser líderes espirituais, conversar com a esposa ou criar os filhos. Mas, se tentarem bastante, eles podem alcançar o sublime estágio de se tornar... um cara bonzinho. Isso é o que temos como modelo de maturidade cristã: Caras Realmente Bonzinhos. Não fumamos, não bebemos, nem praguejamos; é isso que nos faz *homens*. Agora,

---

˙ Provável referência à tia do Tom Sawyer, personagem de Mark Twain (1876).

permita-me perguntar aos meus leitores do sexo masculino: em todos os seus sonhos de menino, enquanto crescia, você alguma vez sonhou se tornar um cara Bonzinho? (Senhoras, o príncipe dos seus sonhos era arrojado... ou meramente bonzinho?)

Agora, sério: será que estou reforçando demais meu ponto? Ande pela maioria das igrejas nos EUA, dê uma olhada em volta e faça a si mesmo esta pergunta: O que é um homem cristão? Não ouça o que lhe é dito, veja o que você encontra. Não há dúvidas quanto a isso. Você vai ter de admitir que um homem cristão é... entediado. Recentemente, em um retiro de igreja, eu estava conversando com um cara na casa dos cinquenta anos (ouvindo, na verdade) sobre sua própria jornada como homem.

— Eu tentei bastante nos últimos vinte anos ser um homem bom segundo a igreja define.

Intrigado, pedi-lhe que me dissesse o que achava ser isso. Ele fez uma pausa por um longo tempo.

— Que cumpre o dever — disse ele — e é separado de seu coração.

Uma descrição perfeita, pensei. *Tristemente, certeira.*

Como lamenta Robert Bly, em *Iron John* [João de Ferro]*:

> Algumas mulheres querem um homem passivo, isso quando querem homem algum; a igreja quer um homem submisso, chamam-no sacerdote; a universidade quer um homem domesticado, chamam-no docente; o mundo corporativo quer um ... homem higienizado, sem pelos, raso.

Tudo se junta em uma espécie de expansão para o oeste contra a alma masculina. E, assim, o *coração* de um homem é dirigi-

---

* BLY, Robert. Iron John: *A book about men*. Boston: Perseus, 2004.

do para as terras altas, para os lugares remotos, como um animal ferido procurando abrigo. As mulheres sabem disso e lamentam não ter acesso ao coração de seu homem. Os homens também sabem disso, mas muitas vezes são incapazes de explicar o porquê de seu coração estar perdido. Eles sabem que o coração está em fuga, mas frequentemente não sabem por onde começar a seguir a trilha. A igreja meneia a cabeça e se pergunta por qual razão não consegue que mais homens se inscrevam em seus programas. A resposta é simplesmente esta: nós não temos convidado o homem para conhecer e viver do fundo de seu coração.

UM CONVITE

Mas Deus criou o coração masculino, colocou-o dentro de cada homem e, assim, fez-lhe um *convite*: Venha e viva o que eu quero que você seja. Permitam-me contornar todo o debate entre inato *versus* adquirido, "o gênero é, de fato, inerente?", com uma simples observação: homens e mulheres são criados à imagem de Deus *como homens* ou *como mulheres*. "Criou Deus o homem à sua imagem, à imagem de Deus o criou; homem e mulher os criou" (Gênesis 1:27). Homem e mulher. Agora, sabemos que Deus não tem um corpo, então a singularidade não pode ser física. O gênero simplesmente deve estar no nível da alma, nos lugares profundos e eternos dentro de nós. Deus não cria pessoas genéricas, ele cria algo muito distinto: um homem ou uma mulher. Em outras palavras, há um coração masculino e um coração feminino, que, a seu modo próprio, refletem ou retratam ao mundo o coração de Deus.

Deus *tencionava* algo quando planejou o homem, e, se quisermos encontrar a nós mesmos, temos de encontrar isso. O que ele colocou no coração masculino? Em vez de perguntar o que você acha que deveria fazer para se tornar um homem melhor (ou mulher, para minhas leitoras), quero perguntar: O que te faz despertar para a vida? O que atiça o seu coração? A jornada que encaramos agora é em uma terra estranha para a maioria de nós. Nós devemos nos encaminhar ao território que não tem uma trilha clara. Esta carta de exploração nos leva ao nosso coração, aos nossos desejos mais profundos. Como disse o dramaturgo Christopher Fry, "a vida é uma hipócrita se eu não puder viver do modo como ela me impulsiona!".

Existem três desejos que se encontram inscritos tão profundamente em meu coração que, agora sei, não posso mais desconsiderá-los sem perder minha alma. Eles são essenciais para quem e o que eu sou e anelo ser. Eu olho para a infância, examino as páginas das Escrituras, da literatura, escuto atentamente muitos e muitos homens, e estou convencido de que esses desejos são universais: uma pista para dentro da própria masculinidade. Eles podem estar no lugar errado, ou esquecidos, ou mal direcionados, mas no coração de cada homem há um desejo desesperado por uma batalha para lutar, uma aventura para viver e uma bela para resgatar. Quero que você pense nos filmes que os homens amam, as coisas que eles fazem em seu tempo livre e, especialmente, as aspirações dos meninos e veja se não estou certo quanto a isso.

UMA BATALHA PARA LUTAR

Há uma foto, em minha parede, retratando um menino com cerca de cinco anos, marcado por um corte militar, grandes bochechas e um sorriso travesso. É uma fotografia antiga e a cor está desbotando, mas a imagem é atemporal. É manhã de Natal de 1964, e eu acabo de abrir o que deve ter sido o melhor presente que qualquer menino já recebeu em um Natal: um conjunto com duas pistolas de seis tiros de empunhadura perolada, com coldres de couro preto, uma camisa vermelha de caubói com um mustangue selvagem bordado em cada lado do peito, botas pretas brilhantes, bandana vermelha e chapéu de palha. Eu vesti a roupa e não a tirei por semanas, porque, veja bem, aquilo não é uma "fantasia" de modo algum, é uma *identidade*. Claro, uma perna da calça está enfiada para dentro da bota e a outra está para fora, mas isso apenas se soma ao meu personagem de "recém-chegado da trilha." Meus polegares estão escondidos dentro do meu cinto e meu peito está estufado, porque estou armado e sou perigoso. Bandidos, cuidado: esta cidade é pequena demais para nós dois.

Capas e espadas, camuflagem, bandanas e revólveres de seis tiros: estes são os *uniformes* da infância de um menino. Garotinhos almejam saber que são poderosos, perigosos, que são alguém com quem os outros vão ter que se ver. Quantos pais tentaram em vão evitar que o pequeno Timmy brincasse com armas? Desistam. Se você não fornecer armas a um garoto, ele as fará de qualquer material que estiver à mão. À mesa do café da manhã, meus meninos mordem sua bolacha em formato de pistola. Cada vara ou galho caído é uma lança, ou melhor, uma bazuca. Apesar do que diriam muitos educadores modernos, isso não é um distúrbio psicológico provocado por violência na televisão ou um desequilíbrio químico. Agressão faz parte do *projeto* masculino; nós somos programados para isso. Se cremos que o homem é criado à imagem de Deus, faremos bem em lembrar que "o Senhor é guerreiro, o seu nome é Senhor" (Êxodo 15:3). Deus é um guerreiro; o homem é um guerreiro.

As meninas não inventam jogos em que um grande número de pessoas morre, onde o derramamento de sangue é um pré-requisito para a diversão. O hóquei, por exemplo, não foi uma criação feminina. Nem o boxe. Um garoto quer atacar alguma coisa – e o mesmo acontece com um homem –, mesmo que seja apenas uma pequena bola branca em um buraco. Ele quer mandá-la para o outro mundo com uma tacada. Por outro lado, meus meninos não se sentam para brincar de tomar chazinho. Eles não ligam para os amigos com o objetivo de conversar sobre relacionamentos. Eles ficam entediados com jogos nos quais não têm nenhum elemento de perigo, competição ou matança. Jogos cooperativos baseados em "interdependência relacional" são completamente sem sentido. "Ninguém é morto?", perguntam incrédulos. "Ninguém vence? Qual é a graça?" Veja a popularidade global dos jogos de Xbox que os meninos e os homens gostam: são esmagadoramente jogos de batalha. A natureza universal disso já deve ter nos convencido: o menino é um guerreiro; menino é o seu nome. E isso não é uma palhaçada de menino. Quando os garotos brincam de guerra, eles estão ensaiando sua parte em um drama muito maior. Um dia você bem pode precisar desse menino para defendê-lo.

Aqueles soldados da União que atacaram os muros de pedra em Bloody Angle; os soldados aliados que atingiram as praias da Normandia ou as areias de Iwo Jima – o que teriam feito sem essa parte profunda de seu coração? A vida *precisa* que o homem seja feroz, e ferozmente dedicado. As feridas que receberá ao longo da vida o farão desanimar se tudo o que ele aprendeu foi ser dócil. Isto é especialmente verdade nas águas turvas dos relacionamentos, onde um homem se sente menos preparado para avançar. Como Bly diz: "Em todo relacionamento, algo de *feroz* é necessário de vez em quando."

Agora, esse anelo pode ter submergido por anos de negligência, e um homem pode não sentir que está à altura das batalhas que certamente o aguardam. Ou pode ter dado uma guinada muito sombria, como acontece com as gangues do centro da cidade. Mas o desejo está aí. Todo homem quer ser o herói. Todo homem *precisa* saber que ele é poderoso. As mulheres não fizeram de *Coração valente* um dos filmes de maior sucesso da década. *Tigres voadores, A ponte do rio Kwai, Sete homens e um destino, Os brutos também amam, Matar ou morrer, O resgate do soldado Ryan, Top Gun, Duro de matar, Gladiador* – os filmes que um homem ama revelam o que seu coração anseia –, o que está dentro dele desde seu nascimento.

Goste ou não, há algo feroz no coração de todo homem. De todo homem.

UMA AVENTURA PARA VIVER

"Minha mãe ama ir à Europa nas férias." Estávamos conversando sobre nosso amor pelo oeste, um amigo e eu, e por que ele se mudou da costa leste para cá. "E, acho que tudo bem, para ela. Tem bastante cultura lá. Mas eu preciso de vida selvagem." Nossa conversa foi provocada pelo filme *Lendas da Paixão*, a história de três homens jovens que alcançam a idade adulta no início de 1900, no rancho do pai, em Montana. Alfred, o mais velho, é prático, pragmático e cauteloso. Ele se dirige para a cidade grande a fim de se tornar um homem de negócios e, eventualmente, um político. Porém, algo dentro dele morre. Ele se torna um homem vazio. Samuel, o caçula, ainda é, em vários aspectos, um menino, uma criança gentil – letrado, sensível, tímido. Ele é morto no início do filme e sabemos que ele não estava pronto para a batalha.

E, então, há Tristan, o filho do meio. Ele é selvagem de coração. É Tristan quem incorpora o oeste: ele captura e monta o selvagem corcel, luta com o urso pardo com uma faca e ganha a bela mulher. Estou para conhecer um homem que queira ser Alfred ou Samuel. Estou para conhecer uma mulher que queira se casar com um desses. Há uma razão pela qual o caubói americano assumiu proporções míticas. Ele incorpora um anelo que todo homem conhece desde muito jovem: "ir para o oeste", encontrar um lugar onde possa ser tudo o que sabe que foi feito para ser. Utilizando-me da descrição sobre Deus feita por Walter Brueggemann: "Selvagem, perigoso, sem entraves e livre."

Agora, permita-me parar por um momento e esclarecer algo. Eu não sou nenhum grande caçador branco. Não tenho animais mortos adornando as paredes da minha casa. Não joguei futebol americano na universidade. Na verdade, na faculdade eu pesava 61 quilos e não era muito atlético. Apesar de meus sonhos de infância, nunca fui piloto de corridas ou piloto de caça. Eu não me interesso por esportes televisionados. (Ok, exceto "March Madness" [Loucura de Março]*.) Eu não gosto de cerveja barata, e, embora eu dirija um jipe antigo, os pneus dele não são absurdamente grandes. Digo isso porque antecipo que muitos leitores – bons homens e mulheres – ficarão tentados a descartar isso como uma espécie de concentração de machões. De modo nenhum! *Coração selvagem* não trata de como se tornar um lenhador. Estou simplesmente procurando, como muitos homens (e, espero, mulheres), por uma masculinidade autêntica.

Quando o inverno não consegue fornecer uma base de neve adequada, meus garotos trazem os trenós para casa e deslizam neles escada abaixo. Outro dia desses, minha esposa encontrou-os com uma corda para fora da janela do quarto no segundo andar, preparando-se para descer de rapel pela lateral da casa. A receita

---

* Programa americano televisivo de basquete universitário [N. do T.].

para a diversão é muito simples na criação de meninos: adicione em qualquer atividade um elemento de perigo, misture com uma pequena exploração, acrescente uma pitada de destruição e você ganhou um vencedor. O modo como eles esquiam é um exemplo perfeito. Chegam ao topo da pista mais alta, apontam o esqui para baixo e vão, quanto mais rápido melhor. E isso não acaba com a idade; os desafios simplesmente aumentam.

Um juiz em seus sessenta anos, um verdadeiro cavalheiro sulista com um terno de risca-de-giz e uma maneira elegante de falar, puxou-me de lado durante uma conferência. Discretamente, quase se desculpando, ele falou de seu amor pela navegação, pelo mar aberto e como ele e um amigo, por fim, construíram o próprio barco. Então, veio um brilho nos olhos dele. "Estávamos navegando na costa das Bermudas, uns anos atrás, quando fomos atingidos por um *northeaster* (uma tempestade furiosa). Sério, aquilo surgiu do nada. Ondulações de seis metros em um barco caseiro de nove metros. Eu achei que todos nós fôssemos morrer." Uma pausa para efeito dramático, e, então, confessou: "Foi o melhor momento da minha vida."

Compare a sua experiência assistindo ao último filme de James Bond ou Indiana Jones com, por exemplo, ir ao estudo bíblico. O sucesso garantido de cada novo lançamento deixa claro: a aventura está escrita no coração do homem. E não se trata apenas de se "divertir". A aventura *exige* algo de nós, nos coloca à prova. Embora possamos temer o teste, ao mesmo tempo, ansiamos ser testados, a fim de descobrir se temos o que é preciso. Foi por isso que descemos o rio Snake contra todo o bom senso, por isso que um amigo e eu adentramos na região dos ursos, para termos uma boa pescaria, por isso que fui para Washington, D.C., quando jovem, ver se conseguiria navegar naquelas águas infestadas de tubarões. Se um homem perde esse desejo, diz que não precisa disso, é porque ele não sabe que possui o que é preciso, acredita que irá falhar no teste. E, assim, decide que é melhor não tentar. Por razões as quais espero esclarecer depois, a maioria dos homens odeia o desconhecido e, como Caim, quer se estabelecer e construir sua própria cidade, tomar o controle de sua vida.

Mas você não pode escapar: há algo selvagem no coração de todo homem.

UMA BELA PARA RESGATAR

Romeu tem sua Julieta, o rei Arthur luta por Guinevere, Robin resgata a Lady Marion, e eu nunca vou esquecer a primeira vez que beijei minha namorada do Ensino Fundamental. Foi no outono da minha sétima série. Eu conheci Debbie na aula de teatro e me apaixonei perdidamente. Era um clássico amor infantil: eu a esperava depois que os ensaios acabavam, carregava seus livros até o armário. Trocávamos bilhetes na aula, conversávamos ao telefone à noite. Eu, na verdade, nunca havia dado muita bola para as garotas, até agora. Esse desejo desperta um pouco mais tarde na jornada de um menino para a idade adulta, mas quando isso acontece, seu universo vira de cabeça para baixo. De qualquer forma, eu ansiava beijá-la, mas não conseguia ter coragem – até a última noite da peça da escola. No dia seguinte começariam as férias de verão, ela estava indo embora, e eu sabia que era agora ou nunca. Nos bastidores, no escuro, eu lhe dei um beijo rápido, e ela retornou para um mais longo. Você se lembra da cena do filme ET, quando o garoto voa de bicicleta passando em frente à lua? Embora eu tenha rodado para casa em minha magrela Schwinn aquela noite, tenho certeza de que em nenhum momento toquei o chão.

Não há nada tão inspirador para um homem quanto uma mulher bonita. Ela vai fazer você querer atacar o castelo, matar o gigante, saltar sobre os parapeitos. Ou, talvez, acertar um *home run*. Um dia, durante um jogo da Liga Júnior, meu filho Samuel estava muito inspirado. Ele gosta de beisebol, mas a maioria dos garotos que estão começando não tem certeza de que realmente tem em si o necessário para ser um grande jogador. Sam é nosso primogênito e, como muitos primogênitos, é cauteloso. Ele sempre deixa alguns arremessos passarem antes de girar o bastão e, quando o faz, nunca é um giro completo; todas suas tacadas, até aquele momento, haviam sido no campo interno. De qualquer forma, assim que Sam se aproximou para bater naquela tarde, sua amiga da rua, uma linda loirinha, apareceu ao lado da linha da primeira base. Pondo-se na ponta dos pés, ela gritou o nome de Sam e acenou para ele. Fingindo que não a notara, ele afastou os pés, apertou o bastão um pouco mais firme e olhou para o lançador com algo de feroz nos olhos. Na primeira batida sobre a base, ele mandou a bola para o campo central.

Um homem quer ser o herói da bela donzela. Jovens que partem para a guerra carregam uma foto da namorada na carteira. Homens que voam em missões de combate pintarão uma mulher bonita ao lado de sua aeronave; as tripulações dos bombardeiros B-17 da Segunda Guerra Mundial deram a essas fortalezas voadoras nomes como *Me and My Girl* [Eu e minha garota] ou o *Memphis Belle* [A bela de Mênfis]. O que seria de Robin Hood ou do rei Artur sem as mulheres que amaram? Homens solitários lutando em batalhas solitárias. Indiana Jones e James Bond simplesmente não seriam os mesmos sem uma beldade ao seu lado e, inevitavelmente, eles devem lutar por ela. Você vê, não é que um homem precise apenas de uma batalha para lutar; ele precisa de alguém *por quem* lutar. Lembram-se das palavras de Neemias às poucas almas corajosas que defendiam uma Jerusalém sem muros? "(...) Não tenham medo deles. Lembrem-se que o Senhor é grande e temível, e lutem por seus irmãos, por seus filhos e por suas filhas, por suas mulheres e por suas casas." (Neemias 4:14). A batalha por si só nunca é o bastante; um homem anseia por romance. Não basta ser um herói, tem de ser um herói *para alguém* em particular, para a mulher que ele ama. Adão recebeu o vento e o mar, o cavalo e o falcão, mas, como o próprio Deus disse, as coisas, simplesmente, não estavam boas até que houvesse Eva.

Sim, há uma dose de paixão no coração de todo homem!

O CORAÇÃO FEMININO

Há também três desejos que considero essenciais para o coração de uma mulher, que não são por completo diferentes dos de um homem e, no entanto, permanecem distintamente femininos. Nem toda mulher quer uma batalha para lutar, mas toda mulher anseia que lutem *por* ela. Ouça o desejo do coração de uma mulher: ela quer ser mais do que notada: quer ser *desejada*. Ela quer ser buscada, conquistada. "Eu só quero ser uma prioridade para alguém", contou-me uma amiga na casa dos trinta. E seus sonhos de infância, de um cavaleiro de armadura brilhante vindo resgatá-la, não são fantasias de menininha; eles são o cerne do coração feminino e da vida para a qual ela sabe que foi feita. Assim, Zach volta para Paula, em *A força do destino*; Frederick volta para Jo, em *Adoráveis mulheres*, e Edward retorna para jurar amor eterno a Eleanor, em *Razão e sensibilidade*.

Toda mulher também quer uma aventura para *participar*. Um dos filmes favoritos de minha esposa é *Herança de um Valente*.

Ela ama a cena em que Jessica, a jovem e bela heroína, é resgatada por Jim, seu herói, e, juntos, eles seguem montados a cavalo pelo ermo do deserto australiano. "Eu quero ser Isabeau, de *O Feitiço de Áquila*", confessou outra amiga. "Ser amada, conquistada, disputada – sim. Mas também quero ser forte e fazer *parte* da aventura." Assim, muitos homens cometem o erro de pensar que a mulher *é* a aventura. Mas é aí que o relacionamento imediatamente vai ladeira a baixo. Uma mulher não quer ser a aventura; ela quer se encontrar em meio a algo maior que ela mesma. Nossa amiga continuou dizendo: "Eu me conheço e sei que não sou a aventura. Então, quando um homem faz de mim seu objetivo, fico entediada na hora. Eu conheço essa história. Leve-me para uma que não conheça."

E, por fim, toda mulher quer ter uma beleza para desvelar. Não para evocar, mas para desvelar. A maioria das mulheres sente a pressão para ser bonita desde muito jovem, mas não é disso que eu falo. Há também um desejo profundo de simples e verdadeiramente *ser* a bela, e deleitar-se nisso. A maioria das garotas se lembrará de brincar de se fantasiar ou se casar, ou das "saias rodopiantes", aqueles vestidos leves que eram perfeitos para girar. Ela coloca seu lindo vestido, entra na sala e rodopia. O que ela almeja é cativar o deleite de seu pai. Minha esposa recorda-se de ficar em pé em cima da mesa de café quando menina, com cinco ou seis anos, cantando a plenos pulmões: "Você me vê?", pergunta o coração de toda garota. "E você, é cativado pelo que vê?"

O mundo mata o coração de uma mulher quando lhe diz que ela deve ser durona, eficiente e independente. Infelizmente, o cristianismo perdeu o coração dela também. Entre na maioria das igrejas dos EUA, dê uma olhada em volta e faça a si mesmo a seguinte pergunta: O que é uma mulher cristã? Mais uma vez, não ouça o que lhe é dito, veja o que você encontra. Não há dúvidas. Você terá que admitir que uma mulher cristã é... cansada. Tudo o que oferecemos à alma feminina é a pressão para "ser uma boa serva". Ninguém está lutando por seu coração; não há nenhuma grande aventura na qual embarcar; e toda mulher duvida muito que tenha alguma beleza para desvelar...

POR MEIO DO CORAÇÃO

O que você preferiria que fosse dito sobre você: "Harry? Claro que eu o conheço. Ele é um cara muito doce." Ou, "Sim, já ouvi falar de Harry. Ele é um homem perigoso... de uma maneira muito positiva." Senhoras, e quanto a vocês? Que homem você preferiria ter como companheiro? (Algumas mulheres, feridas por uma masculinidade errada, podem argumentar em favor do homem "seguro"... e, então, perguntam-se, anos depois, por que não há paixão em seu casamento, por que ele é distante e frio.) E quanto à sua própria feminilidade, o que preferiria que fosse dito de você: que você é uma "trabalhadora incansável", ou que você é uma "mulher cativante?" Não tenho mais nada a dizer.

E se? E se esses desejos profundos em nosso coração estiverem nos dizendo a verdade, revelando-nos a vida que *deveríamos* viver? Deus nos deu olhos para que pudéssemos ver; ele nos deu ouvidos para que pudéssemos ouvir; ele nos deu vontades para que pudéssemos escolher e nos deu um coração para que pudéssemos *viver*. O modo como lidamos com o coração é tudo. Um homem deve *saber* que é poderoso; ele deve *saber* que tem o que é preciso. Uma mulher deve *saber* que é bela; deve *saber* que vale a pena lutar por ela. "Mas, você não entende", disse-me uma mulher. "Eu estou vivendo com um homem vazio." Não, está lá. O coração dele está lá. Ele pode ter evitado você, como um animal ferido, sempre fora de alcance, um passo à frente de seu captor. Mas está lá. "Não sei quando eu morri", disse outro homem, "mas sinto que estou só usando oxigênio." Eu entendo. Seu coração pode sentir-se morto e sumido, mas está aí. Algo selvagem e forte e valente, apenas esperando para ser libertado.

Portanto, este não é um livro sobre as sete coisas que um homem deve fazer para ser um cara mais legal. É um livro sobre a recuperação e libertação do coração de um homem, suas paixões e sua verdadeira natureza, os quais ele recebeu de Deus. É um convite para invadir os campos em Bannockburn, para ir ao oeste, saltar das cataratas e salvar a donzela. Pois, a fim de saber quem de fato é *como homem*, a fim de encontrar uma vida que valha a pena ser vivida, a fim de amar uma mulher de modo profundo e não passar a sua confusão para seus filhos, você simplesmente precisa recuperar o próprio coração. Você deve dirigir-se às terras altas da alma, às regiões selvagens e inexploradas e rastrear essa presa fugidia.

CAPÍTULO 2

O SELVAGEM CUJA IMAGEM CARREGAMOS

Como o ato de dizer às pessoas para serem bondosas umas com as outras pode fazer um homem ser crucificado? Que governo executaria Mister Rogers* ou Capitão Kangaroo**?

PHILIP YANCEY

Inofensivo? Quem falou qualquer coisa sobre ser inofensivo? Claro que não, ele é perigoso. Mas ele é bom.

C.S. LEWIS

Este é uma ramificação
Daquela vitoriosa linhagem; e temamos
O poder e o destino inatos dele.

HENRIQUE V

---

* Idealizador e apresentador de programa infantil premiado da televisão americana (no ar de 1968 a 2001). Pedagogo e ministro da Igreja Presbiteriana, Fred Rogers virou ícone de bondade e amor. [N. do T.]
**Personagem calmo e gentil de programa infantil da televisão americana (no ar de 1955 a 1984), interpretado pelo próprio criador. A intenção de sua criação foi reproduzir o relacionamento das crianças com os avós. [N. do T.]

Lembra-se do rapaz de que lhe falei, com as botas brilhantes e um par de pistolas de seis tiros? A melhor parte da história é que não era tudo faz-de-conta. Eu tinha um lugar para viver esses sonhos. Meu avô, o pai do meu pai, era um caubói. Ele tinha a própria fazenda de gado no leste do Oregon, entre o deserto de sálvias e o rio Snake. E, embora eu fosse criado nos subúrbios, a redenção da minha vida aconteceu naquele rancho, o qual considero ter sido o verdadeiro campo de treinamento para minha jornada masculina, onde passava meus verões na infância. Ah, todo garoto deveria ter tal sorte! Tendo os dias cheios de tratores, picapes e cavalos, e laçando bois, correndo pelos campos, pescando nas lagoas. Durante três maravilhosos meses, todo ano, eu era Huck Finn. Como eu adorava quando meu avô – "Pop", como eu o chamava –, olhava para mim, com os polegares enfiados no cinto, sorria e dizia: "Prepare-se."

Uma tarde, Pop levou-me à cidade, à minha loja favorita. Era um mercado que combinava venda de ração, acessórios de montaria, ferragens e suprimentos para ranchos. O clássico armazém de produtos secos do Velho Oeste, um maravilhoso reino de ferramentas e equipamentos, selas, freios e cobertores, equipamentos de pesca, canivetes, rifles. Cheirava a feno e óleo de linhaça, couro, pólvora e querosene – todas as coisas que empolgam o coração de um menino. Naquele verão, Pop vinha tendo problemas no rancho com uma população de pombos invasora. Ele odiava os pássaros sujos, temia que estivessem trazendo doenças ao gado. "Ratos voadores" era como ele os chamava. Pop dirigiu-se direto ao balcão de armas de fogo, pegou uma espingarda de chumbinho e uma caixa de munição, com um quarto do tamanho de uma caixa de leite, contendo cerca de um milhão de chumbinhos, e os entregou a mim. O velho lojista pareceu um pouco surpreso ao me fitar, apertando os olhos por sobre os óculos.

— Ele não é um pouco jovem para isso? — Pop colocou a mão no meu ombro e sorriu.

— Este é meu neto, Hal. Ele vai cuidar de usar a arma para mim.

DE ONDE NÓS VIEMOS?

Eu posso ter entrado naquela loja de ração como uma criancinha assustada, mas saí como o xerife Wyatt Earp, o Cavaleiro Solitário, Kit Carson. Eu tinha uma identidade e um lugar na história. Eu fui convidado a ser perigoso. Se um menino está prestes a se tornar homem, se um homem está prestes, a saber, que ele é homem, isso não é opcional. Um homem *tem* de saber de onde vem e do que ele é feito. Um dos pontos de virada na vida do meu bom amigo Craig – talvez *o* ponto de virada – foi o dia em que ele recuperou o nome do pai. O pai de Craig, Al McConnell, foi morto na Guerra da Coreia, quando Craig tinha apenas quatro meses de idade. Sua mãe casou-se novamente e Craig foi adotado por seu padrasto, um velho e amargo capitão da marinha, que chamava Craig de "gaivotinha" toda vez que estava zangado com ele. Dizia: "Craig, você não passa de uma gaivotinha: você só sabe se sentar, grasnar e..." (você pegou a ideia).

Quando Craig se tornou homem, ele soube da verdade sobre seu legado: seu pai era um guerreiro que havia sido morto em batalha. E se tivesse vivido, seus planos eram ir ao campo missionário, levar o evangelho a um lugar onde ninguém jamais foi. Craig descobriu que seu verdadeiro bisavô foi William McConnell, o primeiro missionário protestante para a América Central, um homem que arriscou muitas vezes a vida para levar Cristo a um povo perdido. Craig mudou seu nome para McConnell e, com isso, recuperou uma identidade muito mais nobre, um lugar muito mais perigoso na história. Gostaria que todos nós fôssemos tão afortunados. Muitos homens têm vergonha de seu pai. "Você é igualzinho seu pai", é uma flecha que muitas mães amarguradas atiram no filho. A maioria dos homens que conheço está se esforçando para *não* se tornar como o pai. Mas, quem restará para seguirem depois disso? De quem eles derivarão seu senso de força?

Talvez seja melhor voltar nossa busca para as nascentes, para aquela poderosa raiz de onde surgem esses ramos. Quem é Este de onde supostamente viemos, cuja imagem todo homem carrega? Como ele é? Na busca do homem por sua força, dizer-lhe que ele foi criado à imagem de Deus pode, a princípio, não parecer muito encorajador.

Para a maioria dos homens, Deus é distante ou fraco – precisamente o que relatam sobre o pai terreno. Seja honesto agora: que imagem você tem de Jesus *como homem*? "Ele é do tipo manso e suave, não?", comentou um amigo. "Quero dizer, as imagens que eu vi dele mostram um cara gentil, com crianças ao redor. Tipo a

Madre Teresa." Sim, essas foram as imagens que eu mesmo vi em muitas igrejas. Na verdade, essas foram as *únicas* imagens que eu vi de Jesus. Elas me deixam com a impressão de que ele era o cara mais bonzinho do mundo. Mister Rogers de barba. Dizer que eu tenho de ser como ele, parece me dizer para ser mole e passivo. Seja legal. Seja bonzinho. Seja como a Madre Teresa.

Eu preferiria que me dissessem para ser como William Wallace.

CORAÇÃO VALENTE DE FATO

Wallace, se você se lembra, é o herói do filme *Coração valente*. Ele é o guerreiro poeta que surgiu como libertador da Escócia no início dos anos 1300. No filme, quando Wallace entra em cena, a Escócia estava há séculos sob a mão de ferro dos monarcas ingleses. O último rei é o pior de todos: Edward Longshanks. Como um opressor impiedoso, Longshanks devastou a Escócia, matando seus filhos e estuprando suas filhas. Os nobres escoceses, supostos protetores de seus rebanhos, em vez disso, amontoavam pesadas cargas às costas do povo enquanto enchiam os bolsos, fazendo acordos com Longshanks. Wallace é o primeiro a desafiar os opressores ingleses. Ultrajado, Longshanks envia seus exércitos ao campo de Stirling para esmagar a rebelião. Os montanheses descem em grupos de centenas e milhares. Chegou a hora do confronto. Mas os nobres, todos covardes, não querem uma luta. Eles querem um tratado com a Inglaterra para lhes dar mais terras e poder. Eles são típicos fariseus, burocratas... administradores religiosos.

Sem um líder para seguir, os escoceses começam a perder o ânimo. Um a um, depois em maior número, eles começam a fugir. Naquele momento, Wallace entra a cavalo com seu bando de guerreiros, com uma pintura azul de guerra no rosto, prontos para a batalha. Ignorando os nobres, que foram negociar com os capitães ingleses para conseguir outro acordo, Wallace vai direto ao coração dos medrosos escoceses: "Filhos da Escócia... vocês vieram lutar como homens livres, e homens livres vocês são." Ele lhes dá uma identidade e uma razão para lutar. Ele lembra-lhes que uma vida com medo não é vida de modo algum, de que cada um deles morrerá algum dia. "E morrendo no leito, daqui a muitos anos, vocês estarão desejosos de trocar todos os dias a partir desse para voltar aqui e dizer aos nossos inimigos que eles podem tirar nossa vida, mas nunca tomarão nossa liberdade!" Ele diz que eles têm o que é preciso. No final de seu discurso inspirador, os homens estão vibrando. Eles estão prontos. Então, o amigo de Wallace pergunta:

— Bom discurso. Agora, o que fazemos?
— Apenas sejam vocês mesmos.
— Aonde você está indo?
— Eu vou começar uma luta.

Finalmente, alguém vai enfrentar os tiranos ingleses. Enquanto os nobres tentam uma manobra para conseguir posição, Wallace cavalga por lá e interrompe a negociação. Ele compra uma briga com os lordes ingleses e a Batalha de Stirling começa: uma batalha que inicia a libertação da Escócia.

Agora, Jesus é mais parecido com Madre Teresa ou com William Wallace? A resposta é... depende. Se você é um leproso, um banido, um pária da sociedade, que ninguém *jamais* tocou por você ser "impuro", se tudo pelo que você sempre ansiou foi simplesmente uma palavra bondosa, então Cristo é a encarnação da terna misericórdia. Ele se aproxima e toca você. Por outro lado, se você é um fariseu, um desses autonomeados guardiões da doutrina... cuidado. Em mais de uma ocasião, Jesus "compra briga" com esses hipócritas famigerados. Veja a história da mulher encurvada, em Lucas 13. Eis o pano de fundo: os fariseus são como os nobres escoceses, eles também colocam pesados fardos nas costas do povo de Deus, mas não erguem nem um dedo para ajudar. Além disso, eles estão tão ligados à Lei, que insistem ser pecado curar alguém no sábado, pois isso seria um "trabalho". Eles distorcem tanto as intenções de Deus que pensam ter o homem sido criado para o sábado, em vez do sábado para o homem (Marcos 2:27). Cristo já teve uma série de conflitos com eles, alguns especificamente sobre esta questão, deixando aqueles traidores "furiosos" (Lucas 6:11).

Será que Jesus anda na ponta dos pés em torno da questão, para não "entornar o caldo" (a preferência de tantos de nossos líderes hoje)? Será que ele deixa o assunto para "preservar a unidade da igreja?" Não. Ele vai direto ao ponto, ele os provoca, ele começa uma luta. Vamos ver a história:

> Certo sábado, Jesus estava ensinando numa das sinagogas, e ali estava uma mulher que tinha um espírito que a mantinha doente havia dezoito anos. Ela andava encurvada e de forma alguma podia endireitar-se. Ao vê-la, Jesus chamou-a à frente e lhe disse: "Mulher, você está livre da sua doença". Então, lhe impôs as mãos; e imediatamente ela se endireitou, e passou a louvar a Deus.
>
> Indignado porque Jesus havia curado no sábado, o dirigente da sinagoga disse ao povo: "Há seis dias em

que se deve trabalhar. Venham para ser curados nesses dias, e não no sábado." (Lucas 13:10-14)

Dá *pra* acreditar nesse cara? Que matreiro! Pensa em alguém que se desviou da questão. Cristo fica furioso:

> O Senhor lhe respondeu: "Hipócritas! Cada um de vocês não desamarra no sábado o seu boi ou jumento do estábulo e o leva dali para dar-lhe água? Então, esta mulher, uma filha de Abraão a quem Satanás mantinha presa por dezoito longos anos, não deveria no dia de sábado ser libertada daquilo que a prendia?"
> Tendo dito isso, todos os seus oponentes ficaram envergonhados, mas o povo se alegrava com todas as maravilhas que ele estava fazendo. (Lucas 13:15-17)

UMA BATALHA PARA LUTAR

Cristo atrai o inimigo para fora, desmascara-o e envergonha-o na frente de todos. O Senhor é um *cavalheiro*??? Não se você estiver a serviço do inimigo dele. Deus tem uma batalha para lutar e a batalha é pela nossa liberdade. Como diz Tremper Longman, "praticamente todos os livros da Bíblia, Antigo e Novo Testamento, e quase todas as páginas nos falam sobre as atividades de Deus relacionadas à guerra." Eu me pergunto se os egípcios que mantiveram Israel sob o chicote descreveriam *Iaveh* como um Cara Realmente Bonzinho. Pragas, pestes, a morte de todo o primogênito – isso não parece muito típico de um cavalheiro agora, não é? O que a Miss Manners, autoridade em etiqueta, teria a dizer sobre tomar a terra prometida? Será que matança em massa se enquadra no capítulo "Visitar seus novos vizinhos?"

Você se lembra de Sansão, aquele homem selvagem? Ele tem um currículo masculino bastante impressionante: matou um leão com as próprias mãos, atacou e despojou trinta filisteus quando eles usaram a esposa dele contra ele e, por fim, depois que eles a queimaram até a morte, ele matou mil homens com a queixada de um jumento. Não é um cara com quem se mexe. Mas, você notou? Todos esses eventos aconteceram quando "*o Espírito do* SENHOR apossou-se dele" (Juízes 15:14, grifo do autor). Agora, permita-me esclarecer uma coisa: não estou defendendo uma espécie de imagem de "homem machão". Não estou sugerindo que saiamos todos para a academia e, depois, para a praia, para chutar areia na cara dos fariseus fracotes. Estou tentando nos resgatar de uma imagem muito, muito errada que temos de Deus – especialmente de Jesus – e, por consequência, dos homens como portadores de sua imagem. Dorothy Sayers escreveu que a igreja "aparou de forma muito eficiente as garras do Leão de Judá", tornando-o "um animal de estimação adequado para padres pálidos e velhinhas devotas". É esse o Deus que você encontra na Bíblia? Para Jó, que questionou a força de Deus, esse responde:

> É você que dá força ao cavalo
> ou veste o seu pescoço com sua crina tremulante?
> Você o faz saltar como gafanhoto,
> espalhando terror com o seu orgulhoso resfolegar?
> Ele escarva com fúria, mostra com prazer a sua força,
> e sai para enfrentar as armas.
> Ele ri do medo e nada teme;
> não recua diante da espada.
> A aljava balança ao seu lado,

com a lança e o dardo flamejantes.
Num furor frenético ele devora o chão;
não consegue esperar pelo toque da trombeta.
Ao ouvi-lo, ele relincha: "Eia!"
De longe sente cheiro de combate,
o brado de comando e o grito de guerra.

(Jó 39:19-25)

O cavalo de guerra, o corcel, incorpora o coração feroz de seu Criador. E nós também. Todo homem é "uma ramificação daquela vitoriosa linhagem". Ou, pelo menos, era originalmente. Você consegue saber o tipo de homem que tem em si simplesmente observando o impacto que ele tem sobre você. Ele te deixa entediado? Ele te assusta com seu nazismo doutrinário? Ele te faz querer gritar porque é bonzinho demais? No Jardim do Getsêmani, na calada da noite, uma quadrilha de capangas "levando tochas, lanternas e armas" vem para prender Cristo. Note a covardia da coisa: por que eles não o prenderam durante a luz do dia, na cidade? Jesus recua de medo? Não, ele vai enfrentá-los olho no olho.

Jesus, sabendo tudo o que lhe ia acontecer, saiu e lhes perguntou: "A quem vocês estão procurando?"
"A Jesus de Nazaré", responderam eles.
"Sou eu", disse Jesus. (E Judas, o traidor, estava com eles.)
Quando Jesus disse: "Sou eu", *eles recuaram e caíram por terra.*
Novamente lhes perguntou: "A quem procuram?"
E eles disseram: "A Jesus de Nazaré".
Respondeu Jesus: "Já lhes disse que sou eu. Se vocês estão me procurando, deixem ir embora estes homens".

(João 18:4-8, grifo do autor)

Isso é que é força. A simples força da presença corajosa de Jesus derruba o destacamento todo. Há alguns anos, um bom homem deu-me uma cópia de um poema escrito por Ezra Pound sobre Cristo, chamado *Ballad of the Goodly Fere* [Balada do bom consorte]. Tornou-se meu favorito. Escrito da perspectiva de um dos homens que seguiram a Cristo, talvez Simão zelote, fará muito mais sentido se você souber que *fere* é uma palavra do inglês antigo que significa *colega* ou *companheiro*:

> Perdemos o melhor consorte de todos
> Para os sacerdotes e a cruz de madeira?
> Sim, amante ele era dos homens fortes,
> Dos barcos e do mar aberto.
>
> Quando vieram com uma tropa levar o Nosso Homem,
> Seu sorriso era bom de ver:
> "Primeiro, deixai ir a estes!", propôs nosso Bom Consorte,
> "Ou verei a vós condenados", disse ele.
>
> Sim, ele nos enviou pelo meio das altas lanças cruzadas
> E o desprezo de seu riso soou livre:
> "Por que não me levastes enquanto eu andava
> Sozinho na cidade?", disse ele.
>
> Ah, bebemos seu "Vigor" no bom vinho tinto
> Quando lhe fizemos a última companhia,
> O Bom Consorte não era um sacerdote eunuco,
> Mas um homem dos homens foi ele.

Eu o vi coagir uma centena de homens
Com um feixe de cordas que balançavam livres,
Pois eles tomaram a sublime e santa casa
Por seu penhor e tesouro [...]

Eu o vi intimidar mil homens
Nas colinas da Galileia,
Eles queixavam enquanto ele saia tranquilo pelo meio,
Com os olhos como o cinza do mar,
Como o mar que não tolera viagens
Com os ventos desenfreados e livres,
Como o mar que ele intimidou em Genesaré
Com duas palavras faladas de repente.

Um mestre dos homens era o Bom Consorte,
Um companheiro do vento e mar,
Se pensam que mataram nosso Bom Consorte,
Eles são eternamente tolos.

Jesus não é um "sacerdote eunuco", nem um coroinha de cara pálida com o cabelo repartido no meio, falando baixinho, evitando confrontação, que, por fim, é morto porque não tem para onde fugir. Ele trabalha com madeira, comanda a lealdade de estivadores. Ele é o Senhor dos Exércitos, o capitão das hostes de anjos. E, quando retorna, Cristo está à frente de uma companhia ameaçadora, montado em um cavalo branco, com uma espada de dois gumes, e o manto coberto de sangue (Apocalipse 19). Agora isso soa muito mais como William Wallace do que como Madre Teresa.

Não há dúvida quanto a isto: há algo feroz no coração de Deus!

E QUANTO À AVENTURA?

Se você tiver alguma dúvida sobre se Deus ama ou não a vida selvagem, passe uma noite na floresta... sozinho. Dê um passeio em uma tempestade. Saia para remar com um bando de baleias assassinas. Deixe um alce macho com raiva de você. Quem teve essa ideia mesmo? A Grande Barreira de Corais, com seus grandes tubarões brancos; as selvas na Índia com seus tigres; os desertos do sudoeste americano com todas aquelas cascavéis – você os descreveria como lugares "bonzinhos?" A maior parte da terra não é segura, mas é boa. Essa consciência me veio um pouco tarde demais, enquanto caminhava para encontrar o alto rio Kenai, no Alasca.

Meu amigo Craig e eu estávamos atrás do salmão e da gigante truta arco-íris que vivem naquelas águas geladas. Fomos alertados sobre ursos, mas não levamos a sério até estarmos enfiados no meio da floresta. Sinais de ursos pardos estavam por toda parte: salmão espalhado pela trilha com a cabeça arrancada. Pilhas de excrementos do tamanho de cães pequenos. Enormes marcas de garras nas árvores, na altura da cabeça. "Vamos morrer", pensei. "O que estamos fazendo aqui?"

Ocorreu-me então que, depois de Deus haver feito tudo aquilo, ele declarou que era *bom* – céus! É a maneira de ele nos deixar saber que prefere aventura, perigo, risco, o elemento surpresa. Toda a criação é implacavelmente *selvagem*. Deus a ama assim.

A maioria de nós faz todo o possível para *reduzir* o elemento de risco em nossa vida. Usamos cinto de segurança, cuidamos do colesterol e praticamos o controle de natalidade. Conheço alguns casais que decidiram não ter filho de modo algum; eles simplesmente não estão dispostos a arriscar ter o coração partido por um filho, o que costuma acontecer. E se eles nascerem com uma doença incapacitante? E se virarem as costas para nós e para Deus? E se...?

No entanto, este é o mundo que Deus criou: um mundo que demanda vivermos uma vida com riscos. Porque Deus quer que vivamos pela *fé*. "Então, o Senhor interveio", talvez seja a expressão mais comum sobre ele nas Escrituras, de uma ou outra forma. Veja as histórias que ele escreveu. Tem aquela em que os filhos de Israel estão presos contra o mar Vermelho, sem saída, com faraó e seu exército acelerando para cima deles em uma fúria assassina. Então, Deus aparece. Tem Sadraque, Mesaque e Abede-Nego, que são resgatados apenas *depois* de serem lançados na fornalha ardente. Então, Deus aparece. Ele deixa a multidão matar Jesus, sepultá-lo... então, ele aparece. Você sabe por que Deus ama escrever histórias tão incríveis? Porque *ele ama vir em resgate*. Ele ama nos mostrar que ele tem o que é preciso.

Contra Golias, um soldado experiente e um assassino treinado, ele envia... um pequeno pastor de rosto sardento com uma atiradeira. A maioria dos comandantes que vão à batalha quer a maior quantidade de infantaria possível. Deus corta o exército de Gideão de 32 mil para 300. Em seguida, equipa o pequeno bando desorganizado que sobrou com tochas e jarros vazios. Não é apenas em uma ou outra batalha que Deus se arrisca. Você já pensou em como ele lida com o evangelho? Deus precisa transmitir uma mensagem à raça humana, sem a qual ela perecerá... para sempre. Qual é o plano? Primeiro, ele começa com o grupo mais improvável de todos: algumas prostitutas, alguns pescadores com pouco mais do que uma educação de segunda série, um cobrador de impostos. Depois, ele passa a bola para nós. Inacreditável!

Tentar reconciliar a soberania de Deus e o livre arbítrio do homem tem deixado a igreja perplexa há séculos. Devemos humildemente reconhecer que há uma boa dose de mistério envolvida, mas para os que estão cientes da discussão, não estou defendendo o teísmo aberto. No entanto, definitivamente há algo selvagem no coração de Deus.

UMA BELA POR QUEM LUTAR

E toda sua selvageria e toda sua ferocidade são inseparáveis do seu coração romântico. O fato de os teólogos não notarem isso diz mais sobre os teólogos do que sobre Deus. Música, vinho, poesia, pôr do sol... isso é invenção *dele*, não nossa. Nós simplesmente descobrimos o que ele já havia pensado. Os amantes e recém-casados escolhem lugares como Havaí, Bahamas ou Toscana como pano de fundo para seu amor. Mas, quem idealizou Havaí, Bahamas e Toscana? Vamos trazer isso um pouco mais perto de casa. De quem foi a ideia de criar a forma humana para um beijo ser tão delicioso? E ele não parou por aí, como só os amantes sabem. Começando com os olhos dela, o rei Salomão banqueteia-se com sua amada durante a noite de núpcias. Ele ama-lhe o cabelo, o sorriso; seus lábios "gotejam a doçura dos favos de mel" e "leite e mel estão debaixo da sua língua" (Cântico dos Cânticos 4:11). Você notará que ele segue estrada *abaixo*:

> Seu pescoço é como a torre de Davi,
> construída como arsenal...
> Seus dois seios são como filhotes de cervo...
> Enquanto não raia o dia
> e as sombras não fogem,

irei à montanha da mirra
e à colina do incenso.

(Cântico dos Cânticos 4:4-6)

E sua esposa responde dizendo: "Que o meu amado entre em seu jardim e saboreie os seus deliciosos frutos" (v. 16). Que tipo de Deus colocaria o Cântico dos Cânticos no cânon das Escrituras Sagradas? Sério, agora, é concebível que um livro tão erótico tenha sido colocado na Bíblia pelos cristãos que *você* conhece? E que delicado toque poético, "filhotes de cervo." Isso não é pornografia, mas não há como tentar explicar tudo como "metáfora teológica". Simplesmente não faz sentido. Na verdade, o próprio Deus de fato fala pessoalmente em Cânticos, no livro por inteiro. Salomão levou sua amada para sua recâmara e os dois estão fazendo tudo que os amantes fazem lá. Deus abençoa tudo, sussurrando: "Comam, amigos, bebam quanto puderem, ó amados" (5:1), oferecendo, como se necessário, seu próprio encorajamento. E, então, ele puxa as cortinas.

Deus é um romântico de coração, e ele tem sua própria noiva pela qual lutar. Ele é um amante ciumento, e seu ciúme é pelo coração de seu povo e por sua liberdade.

Por amor de Sião eu não sossegarei,
por amor de Jerusalém não descansarei
enquanto a sua justiça não resplandecer como a alvorada,
e a sua salvação, como as chamas de uma tocha [...]
assim como o noivo se regozija por sua noiva,
assim o seu Deus se regozija por você.

(Isaías 62:1,5)

E, embora ela tenha cometido adultério contra ele, embora se encontre cativa por seu inimigo, Deus está disposto a mover céus e terra para reconquistá-la. Nada o impedirá de libertá-la.

> Quem é aquele que vem de Edom,
> que vem de Bozra, com as roupas tingidas de vermelho?
> Quem é aquele que, num manto de esplendor,
> avança a passos largos na grandeza da sua força?
> "Sou eu, que falo com retidão,
> poderoso para salvar."
>
> Por que tuas roupas estão vermelhas,
> como as de quem pisa uvas no lagar?
> "Sozinho pisei uvas no lagar;
> das nações ninguém esteve comigo.
> Eu as pisoteei na minha ira
> e as pisei na minha indignação;
> o sangue delas respingou na minha roupa,
> e eu manchei toda a minha veste.
> Pois o dia da vingança estava no meu coração,
> e chegou o ano da minha redenção.
>
> (Isaías 63:1-4)

Uau! Isso é que é um Coração valente. Este é um cara feroz, selvagem e apaixonado. Eu nunca ouvi o Mister Rogers falar assim. Pensando bem, também nunca ouvi ninguém na igreja falar assim. Mas este é o Deus dos céus e da terra. O Leão de Judá.

MENINOS E MENINAS

E este é o nosso verdadeiro Pai, a linhagem da qual vem o coração do homem. Amor forte e corajoso. Como escreveu George MacDonald em *Diary of an Old Soul* [Diário de uma velha alma]:

> Tu és minha vida – Eu, o ribeiro; tu, a fonte.
> Por estarem abertos teus olhos, eu posso ver;
> Por seres tu mesmo, é por isso que eu sou eu.

Eu percebi que muitas vezes nossa palavra aos meninos é *não*. Não suba nisso, não quebre nada, não seja tão agressivo, não seja tão barulhento, não seja tão bagunceiro, não corra riscos tão loucos. Mas o projeto de Deus, que ele colocou nos meninos como a imagem de si mesmo, é um retumbante *sim*. Seja feroz, seja selvagem, seja apaixonado. Agora, nada disso é para diminuir o fato de que a mulher carrega igualmente a imagem de Deus. O masculino e o feminino correm por toda a criação. Como diz Lewis: "O gênero é uma realidade e uma realidade mais fundamental que o sexo... uma polaridade fundamental que divide todos os seres criados." Há o sol e, então, a lua e as estrelas; há a montanha acidentada e há o campo de flores silvestres crescendo sobre ela. É maravilhoso observar um leão, mas você já viu uma leoa? Há também algo selvagem no coração de uma mulher, mas é feminino na essência.

Eva e todas suas filhas são também uma ramificação daquela vitoriosa linhagem, mas de um modo maravilhosamente diferente. Como conselheiro e amigo, e especialmente como marido, sinto-me honrado por ser bem-vindo no profundo coração de Eva. Com frequência, quando estou com uma mulher, eu me pego silenciosamente perguntando: *O que ela está me dizendo sobre Deus? Eu sei que ele quer dizer alguma coisa ao mundo por meio de Eva – o que é?* E, depois de anos ouvindo o clamor do coração das mulheres, estou convencido, sem sombra de dúvida, de que Deus quer ser amado. Ele quer ser prioridade para alguém. Como pudemos não nos dar conta disso? De capa a capa, do começo ao fim, o clamor do coração de Deus é: "Por que você não me escolhe?" É incrível para mim quão humilde, quão *vulnerável* Deus fica neste ponto. "Vocês... me acharão", diz o Senhor, "quando me procurarem de todo o coração" (Jeremias 29:13). Em outras palavras: "Procure por mim, busque-me, quero que você venha atrás de mim". Incrível! Como diz Tozer, "Deus espera ser desejado".

E com certeza vemos que Deus não quer meramente uma aventura, mas uma aventura para *compartilhar*. Ele não precisava nos criar, mas ele *quis*. Embora saiba o nome de cada estrela e seu reino abarca galáxias, Deus se deleita em fazer parte de nossa vida. Você sabe por que ele, com frequência, não responde imediatamente à oração? Porque ele quer falar conosco, e às vezes esta é a única maneira de nos fazer ficar e *conversar* com ele. Seu coração é para relacionamento, para a aventura compartilhada na essência.

E sim, Deus tem uma beleza para desvelar. Há uma razão pela qual o homem é cativado pela mulher. Eva é a coroa da criação. Se você acompanhar a narrativa de Gênesis cuidadosamente, verá que cada novo estágio da criação é melhor que o anterior. Primeiro: tudo é sem forma, vazio e escuro. Deus começa a moldar a matéria-prima, como um artista trabalhando um esboço ou um pedaço de barro. Luz e trevas, parte seca e mares, terra e céu – estão começando a tomar forma. Com uma palavra, todo o reino floral adorna a terra. Sol, lua e estrelas enchem o céu. Com toda a certeza, sua obra expressa bastante detalhe e definição. Em seguida, vêm peixes e aves, toninha e bútio-de-cauda-vermelha. Os animais selvagens são os próximos, todas aquelas criaturas incríveis. Uma truta é uma criatura fantástica, mas um cavalo é verdadeiramente magnífico. Você consegue ouvir o *crescendo* se avolumando, como uma grande sinfonia se formando e se expandindo mais e mais?

Então, vem Adão, o triunfo do trabalho manual de Deus. Não é para qualquer membro do reino animal que Deus diz: "Tu és minha própria imagem, o ícone da minha semelhança." Adão carrega a semelhança de Deus em seu coração feroz, selvagem e apaixonado. E, contudo, há ainda um toque final. Há Eva. A criação chega a seu ponto alto, seu clímax, com ela. Ela é o toque final de Deus. Como escreve Paulo posteriormente, o homem "é imagem e glória de Deus; mas a mulher é glória do homem" (1Coríntios 11:7). E tudo o que Adão conseguiu dizer foi: "Uau." Eva personifica a beleza, o mistério e a terna vulnerabilidade de Deus. Como o poeta William Blake disse: "O corpo nu da mulher é uma porção da eternidade grande demais para os olhos do homem."

A razão pela qual uma mulher quer uma beleza para desvelar, a razão pela qual ela pergunta: *"Você se deleita comigo?",* é simplesmente porque Deus também o faz. Deus é uma cativante beleza! Como Davi ora: "Uma coisa pedi ao SENHOR; é o que procuro: que eu possa ... contemplar a bondade do SENHOR" (Salmos 27:4). Pode haver alguma dúvida de que Deus quer ser *adorado?* De que ele quer ser visto e nós sejamos cativados pelo que vemos? Como escreveu C.S. Lewis: "A beleza da fêmea é a raiz da alegria tanto da fêmea quanto do macho... desejar o desfrute de sua própria beleza é a obediência de Eva, e para ambos é no amante que a amada saboreia seu próprio deleite."

Este é um esboço muito simples, admito. Há muito mais a dizer, e essas não são categorias firmes e rígidas. Um homem precisa ser terno às vezes, e uma mulher às vezes precisa ser feroz. Mas se um homem é apenas terno, sabemos que algo está profundamente errado, e se uma mulher é apenas feroz, sentimos que ela não é o que deveria ser. Se olhar a essência dos meninos e das meninas, acho que você descobrirá que não estou de todo errado. Força e beleza. Como diz o salmista:

> Mais de uma vez tenho ouvido Deus dizer
> que o poder é dele e o amor, também.
>
> (Salmos 62:11,12, NTLH)

CAPÍTULO 3

A PERGUNTA QUE ASSOMBRA TODO HOMEM

A tragédia da vida é o que morre dentro de um homem enquanto ele vive.

ALBERT SCHWEITZER

Ele começa a morrer, isso cessa seus desejos.

GEORGE HERBERT

Você está aí?
Faça uma prece pelo Farsante,
Que começou tão jovem e forte,
Somente para se render depois.

JACKSON BROWNE

"The Pretender" (© 1976 por Swallow Turn Music)

Nosso zoológico local teve, durante anos, um dos maiores leões africanos que eu já vi. Um bicho enorme, de quase 230 quilos, com uma juba estupenda e patas absolutamente imensas. *Panthera leo*. O rei da selva. Lógico, ele estava enjaulado, mas eu lhe digo que as barras pouco conforto davam quando se estava a dois metros de algo que, em qualquer outra situação, o veria como um almoço fácil. Honestamente, eu sentia que precisava pastorear meus garotos passando por ele a uma distância segura, como se ele pudesse nos atacar caso realmente quisesse. Contudo, ele era minha atração favorita e, enquanto os outros iam passar pela casa dos macacos ou dos tigres, eu dava meia-volta para mais alguns minutos na presença de alguém tão poderoso, nobre e mortífero. Talvez fosse medo misturado à admiração; talvez fosse simplesmente meu coração que se partia pelo velho gatão.

Aquela criatura maravilhosa e terrível deveria estar vagando pela savana, dominando com orgulho, gerando medo no coração de todo gnu, derrubando zebras e gazelas sempre que ele fosse tomado pelo impulso. Em vez disso, ele passava todas as horas, de todos os dias e noites, de todos os anos, sozinho, em uma gaiola menor que o quarto de qualquer um, a comida lhe era servida por meio de uma pequena porta de metal. Às vezes, tarde da noite, depois que a cidade adormecia, eu ouvia seu rugido do alto do monte. Não soava tão feroz, era mais triste. Durante todas as minhas visitas, ele nunca me olhou nos olhos. Eu queria desesperadamente que ele o houvesse feito, queria, pelo bem do felino, a chance de ele me gelar a espinha com uma encarada. Eu teria amado se ele me golpeasse! Mas ele simplesmente ficava deitado, cansado daquele profundo cansaço que vem do tédio, respirando leve, rolando de vez em quando de um lado para o outro.

Depois de anos vivendo em uma jaula, um leão não acredita mais que seja um leão... e um homem não acredita mais que seja um homem.

O LEÃO DE JUDÁ?

Um homem é feroz... apaixonado... com um coração selvagem? Você não diria isso pelo que normalmente vê andando por aí usando calças. Se o homem é a imagem do Leão de Judá, por que há tantas mulheres solitárias, tantos filhos sem pai, tão poucos *homens* por aí? Por que o mundo parece cheio de "caricaturas" de masculinidade? Tem o cara que mora atrás da gente. Ele passa o final de semana todo na frente da TV assistindo jogo, enquanto seus filhos brincam no quintal – sem ele. Nós moramos aqui há nove anos e acho que, talvez, eu o tenha visto brincando com os meninos umas duas vezes. Qual é? Por que ele não se *envolve*? E o cara da rua ao lado, que corre de moto, dirige uma caminhonete enorme, usa jaqueta de couro e anda com certa gingada. Achei que James Dean tivesse morrido há uns anos. Qual é a dele? Parece viril, mas parece caricatural, exagerado.

Por que é que, ao olharem para o próprio coração, os homens não descobrem algo valente e perigoso, mas, em vez disso, encontram raiva, luxúria e medo? Na maioria das vezes, sinto-me mais temeroso do que destemido. Por que isso? Há 150 anos, Thoreau escreveu: "A massa de homens leva uma vida de desespero silencioso", e parece que nada mudou. Como dito em *Coração valente*: "Todos os homens morrem; poucos homens realmente vivem." E a maioria das mulheres leva uma vida de resignação silenciosa, tendo desistido da esperança de ver um homem de verdade.

A vida real do homem comum parece um universo distante dos desejos de seu coração. Não há batalha para lutar além de trânsito, reuniões, discussões e contas. Os caras que se reúnem para um café toda quinta-feira de manhã na lanchonete local e compartilham alguns versículos da Bíblia um com o outro – onde está a grande batalha deles? E os caras que ficam no boliche, fumando e bebendo um pouco demais – estão exatamente no mesmo lugar. As espadas e os castelos da infância deles foram há muito substituídos por lápis e escritórios; as pistolas e os chapéus de caubói foram deixados de lado para ficarem com minivans e hipotecas. O poeta Edwin Robinson capturou o desespero silencioso do seguinte modo:

> Miniver Cheevy, filho do desprezo,
> Crescia magro enquanto invadia as estações do ano;
> Ele chorava por haver nascido,
> E ele tinha motivos.
> Miniver amava os dias antigos,
> Quando as espadas eram brilhantes e os corcéis se empinavam;

A visão de um guerreiro ousado
O teria posto a dançar.

Miniver Cheevy, nascido tarde demais,
Coçou a cabeça e continuou pensando;
Miniver tossiu, chamou a isso de destino,
E continuou bebendo.

(*Miniver Cheevy*)

Sem uma grande batalha que o homem possa viver e pela qual possa morrer, a parte feroz, destemida de sua natureza, fica no subterrâneo e meio que fervilha ali, em uma raiva taciturna que parece ser sem razão. Algumas semanas atrás, eu estava em um voo para a Costa Oeste. Era hora do jantar e, bem no meio da refeição, o cara na minha frente reclinou seu encosto o máximo que podia, com alguns empurrões fortes para garantir. Eu queria jogá-lo na primeira classe. Um amigo meu passa por problemas com sua loja de brinquedos, porque as crianças que vão lá o tiram do sério, e ele tem estourado com elas. Não é exatamente bom para os negócios. Tantos homens, homens bons, confessam que regularmente perdem a paciência com os filhos. E o cara na minha frente em um semáforo ontem? A coisa ficou verde, mas ele não se mexeu; eu achei que ele não estivesse prestando atenção. Dei um toquinho na buzina para chamar-lhe a atenção para o fato de que agora havia mais de vinte carros se acumulando atrás de nós. Em uma piscada, o cara já estava fora do carro, berrando ameaças, pronto para lutar. Verdade seja dita: eu queria desesperadamente pegá-lo ali. Os homens estão com raiva e nós não sabemos, de fato, por quê.

E por que há tantas "viúvas esportivas", perdendo o marido todo fim de semana para o campo de golfe ou a TV? Por que tantos homens são viciados em esportes? É a maior aventura que muitos deles já provaram. Por que tantos outros se perdem na própria carreira? Mesma razão. Notei outro dia que o jornal *Wall Street* se anuncia aos homens como "aventuras no capitalismo". Eu conheço caras que passam horas *on-line*, negociando ações. Há um gostinho de excitação e risco nisso, sem dúvida. E quem você vai culpar? O resto da vida deles é rotina tediosa e obrigações. Não é coincidência que muitos homens acabem tendo um caso não por amor, nem mesmo por sexo, mas como eles admitem, pela aventura. Muitos caras ouviram que deviam deixar o espírito aventureiro para trás e "ser responsável", ou seja, viver somente para o dever. Tudo o que sobra são fotos na parede de dias passados e, talvez, uns equipamentos empilhados na garagem. Ed Sissman escreve:

> Homens com mais de quarenta
> Levantam-se à noite,
> Olham para as luzes da cidade
> E se perguntam:
> Onde foi que viraram errado?
> E por que a vida está tão demorada?

Espero que, a essa altura, você já tenha pegado a ideia. Se um homem não encontra essas coisas para as quais seu coração foi feito, se ele nunca é sequer convidado a viver para elas do fundo de seu coração, ele as procurará de alguma outra forma. Por que a pornografia é a armadilha número um para os homens? Ele anseia pela bela, mas sem seu coração destemido e apaixonado, ele não pode encontrá-la, nem conquistá-la, nem mantê-la. Embora seja poderosamente atraído pela mulher, ele não sabe como lutar por ela ou mesmo se *deve* lutar por ela. Em lugar disso, ela é, para ele, essencialmente um mistério que ele sabe não poder resolver e, assim, no plano da alma, ele mantém distância. E, privadamente, em segredo, ele se volta para a imitação. O que torna a pornografia tão viciante é que, mais do que qualquer outra coisa na vida de um homem perdido, ela faz com que ele *se sinta* como um homem, sem lhe exigir absolutamente nada. Quanto menos um cara se sente um homem de verdade na presença de uma mulher de verdade, mais vulnerável ele está à pornografia.

E, assim, o coração de um homem, levado para as regiões mais escuras da alma, tendo-lhe sido negada a exata coisa que ele mais profundamente deseja, sai para lugares mais escuros. Agora, as lutas de um homem, suas feridas e seus vícios, não são apenas esses, mas esses são os motivos centrais. Como o poeta George Herbert advertiu, "ele começa a morrer, isso cessa seus desejos". E, sabe o que mais? Nós todos sabemos disso. Todo homem sabe que algo aconteceu, deu alguma coisa errada... nós simplesmente não sabemos o que foi.

NOSSO MEDO

Eu passei dez anos da vida no teatro, como ator e diretor. Esses foram, na maior parte, anos felizes. Eu era jovem e enérgico e muito bom no que eu fazia. Minha esposa fazia parte da companhia de teatro que eu administrava e tínhamos muitos amigos chegados lá. Eu lhe digo isso para que você entenda o que estou prestes a revelar. Apesar do fato de minhas memórias do teatro serem quase todas felizes, eu continuo tendo um pesadelo recorrente. O que acontece é o seguinte: subitamente eu me encontro em um teatro – uma grande casa de espetáculos no estilo da Broadway –, o tipo no qual todo ator aspira se apresentar. As luzes da casa estão baixas e as luzes do palco altas, de modo que, da minha posição no palco eu mal consigo distinguir a plateia, mas eu sinto que a casa está cheia. Só sobrou lugar em pé. Por enquanto, tudo bem. Atores adoram se apresentar para uma casa cheia. Mas eu, absolutamente, não estou amando o momento. Estou paralisado de medo. Uma peça está em andamento e eu tenho uma parte crucial. Mas não faço ideia de qual é a peça. Não sei que parte eu devia encenar; não sei minhas falas; nem sei minhas deixas.

Este é o medo mais profundo de todo o homem: ser exposto, ser descoberto, ser desmascarado como um impostor, e não realmente um homem. O sonho não tem nada a ver com atuação; esse é apenas o contexto para o meu medo. Você tem o seu. Um homem carrega a imagem de Deus em sua força, não tanto de modo físico, mas na alma. A despeito de ele conhecer ou não o relato bíblico, se há uma coisa que um homem sabe é que ele foi feito para *fazer*. No entanto, ele se pergunta... *Eu consigo? Eu vou?* Quando a coisa apertar, quando for realmente importante, ele vai conseguir? Durante anos, minha alma viveu nesse turbilhão. Eu costumava acordar de manhã com uma ansiedade que não tinha fonte imediata. Meu estômago frequentemente ficava embrulhado. Um dia, meu querido amigo Brent perguntou: "O que você faz agora que não atua mais?" Percebi naquele momento que toda a minha vida parecia uma performance, como se eu estivesse sempre "ligado". Sentia que eu tinha de me provar novamente. Depois de falar ou dar uma aula, eu ficava aguardando pelo que os outros diriam, esperando que dissessem que foi bom. Cada sessão de aconselhamento parecia um novo teste: *Será que eu consigo fazer, de novo? Meu último sucesso foi tudo que eu tive?*

Um dos meus clientes conseguiu uma grande promoção e um aumento. Ele veio deprimido. *"Pelo amor"*, pensei. *"Por quê?"* Todo homem deseja ser louvado e, acima disso, bem pago. Ele confessou que, embora os aplausos fossem ótimos, isso apenas o colocava em posição para uma queda maior. Amanhã ele teria de fazer tudo de novo, dar uma tacada certeira na bola novamente. Todo homem sente que o mundo está lhe pedindo que seja algo que ele duvida muito ter em si para ser. Isso é universal; eu ainda não encontrei um homem honesto que não admita isso. Sim, há muitos homens cabeças-duras que estão perguntando o que é que eu estou falando. Para eles a vida é boa, e eles vão muito bem. Mas espere. A menos que seja real e verdadeiramente um reflexo de força genuína, isso é um castelo de cartas e vai cair mais cedo ou mais tarde. Virá à tona a raiva ou um vício. Dores de cabeça, uma úlcera ou, talvez, um caso amoroso.

Honestamente, de que forma você se vê como homem? Você escolheria palavras como *forte, apaixonado* e *perigoso*? Você tem coragem de perguntar às pessoas em sua vida o que *elas* pensam de você como homem? Que palavras você teme que escolham? Eu mencionei o filme *Lendas da paixão*, como todo homem que o assistiu quer ser Tristan. Mas a maioria se vê como Alfred ou Samuel. Conversei com muitos homens sobre o filme *Coração valente* e, embora todos eles amariam ser William Wallace, o perigoso herói guerreiro, a maioria se vê como Robert Bruce, o sujeito fraco e intimidado que continua se curvando sob a pressão. Eu amaria pensar em mim como Indiana Jones, mas receio que eu seja mais como Woody Allen.

O comediante Garrison Keillor escreveu um ensaio muito engraçado sobre isso em *The Book of Guys* [O livro dos caras]. Percebendo, um dia, que ele não estava sendo honesto sobre si mesmo como homem, sentou-se para fazer uma lista de seus pontos fortes e fracos:

COISAS ÚTEIS QUE CONSIGO FAZER:

Ser legal.
Arrumar a cama.
Cavar um buraco.
Escrever livros.
Cantar alto ou baixo.
Ler um mapa.
Dirigir um carro.

COISAS ÚTEIS QUE NÃO CONSIGO FAZER:

Derrubar uma árvore grande e cortá-la em lenhas.
Lidar com um cavalo, treinar um cachorro ou cuidar de um rebanho.
Manejar um barco sem deixar os outros em pânico.
Arremessar uma bola rápida, curva ou deslizante.
Carregar, disparar e limpar uma arma. Ou um arco e flecha. Ou usar qualquer um deles, ou uma lança, uma rede, um laço, bumerangue ou zarabatana, para conseguir carne.
Defender-me com as próprias mãos.

Keillor confessa:

Talvez seja um boletim aceitável para uma *pessoa*, mas eu não conheço nenhuma pessoa... Para um cara, não é bom. Uma mulher leria a lista e perguntaria: "O que interessa se um homem consegue manejar um barco? Arremessar uma bola curva? Empacotar um cervo? Dar um gancho de esquerda? Estamos em 1993." Mas essa é uma visão feminina de masculinidade.

Craig e eu estávamos brincando sobre isso enquanto abríamos caminho pelo meio de bosques infestados de ursos pardos no Alasca. Os outros únicos sujeitos que encontramos o dia todo foi um grupo de habitantes locais saindo dali. Eles pareciam ter saído da revista de aventureiros *Soldier of Fortune* [Soldados do destino]: espingardas, pistolas, cartuchos de munição pendurados no peito, facas enormes. Eles estavam prontos. Tinham o que precisavam. E nós? Nós tínhamos um apito. Falo sério. Isto foi tudo que levamos para nossa perigosa jornada pela natureza: um apito. Pense numas maricas. Craig confessou: "Eu? De verdade, o que eu posso fazer? Quero dizer, de verdade? Eu sei operar um aparelho de fax."

É assim que a maioria dos homens se sente em relação à sua prontidão para lutar, viver arriscadamente, capturar a bela. Nós temos um apito. Veja, muito embora estejam lá os *desejos* por uma batalha para lutar, uma aventura para viver e uma bela para resgatar, muito embora nossos sonhos de infância tenham sido cheios dessas coisas, nós não achamos que estamos à altura disso. Por que os homens não dão uma de homem? Por que eles não oferecem sua força para um mundo que precisa desesperadamente dela? Por duas razões simples: nós duvidamos muito que tenhamos alguma força real para oferecer e temos certeza de que, se oferecermos o que temos, não será o bastante. Deu alguma coisa errada e nós sabemos disso.

O que aconteceu com a gente? A resposta está parcialmente lá atrás, na História da humanidade, e em parte, nos detalhes da história de cada homem.

PARA *QUE* É O HOMEM?

Por que Deus criou Adão? Para que o homem? Se você sabe para quê algo foi projetado para fazer, então você sabe o propósito daquilo na vida. Um *retriever* ama a água; um leão ama a caça; um falcão ama pairar. Foi para isso que eles foram feitos. O desejo revela o projeto e o projeto revela o destino. No caso dos seres humanos, nosso projeto também é revelado pelos nossos desejos. Vamos embarcar na aventura. Adão e todos seus filhos depois dele recebem uma missão incrível: dominar e subjugar, ser frutífero e se multiplicar. "Aqui está a terra toda, Adão. Explore, cultive, cuide dela – é o seu reino." Uau... isso é que é um convite! Isso é permissão para fazer muito mais do que atravessar a rua. É uma carta patente para encontrar o equador; é uma comissão para construir Camelot. Somente o Éden era um jardim naquela época, tudo o mais era selvagem, até onde sabemos. Nenhum rio havia sido mapeado, nenhum oceano cruzado, nenhuma montanha escalada. Ninguém havia descoberto a molécula ou a injeção de combustível ou criado a Quinta Sinfonia de Beethoven. Era uma página em branco, esperando para ser escrita. Uma tela limpa, esperando para ser pintada.

A maioria dos homens acha que está aqui na terra simplesmente para matar o tempo, e isso está matando-os. Mas a verdade é precisamente o oposto. O anseio secreto de seu coração, seja construir um barco e navegar, seja escrever uma sinfonia e tocá-la, plantar um campo e cuidar dele: são coisas para as quais você foi feito. É para isso que você está aqui. Explore, construa, conquiste – você não precisa dizer a um garoto para fazer essas coisas –, pela simples razão de que esse *é o propósito dele*. Mas isso vai ser arriscado e perigoso, e aí está o problema. Nós estamos dispostos a viver com o nível de risco para o qual Deus nos convida? Algo dentro de nós hesita.

Vamos pegar outro desejo: Por que um homem anseia por ter uma batalha para lutar? Porque, quando entramos na História, em Gênesis, entramos em um mundo em guerra. As linhas já foram desenhadas. O mal está esperando para dar o próximo passo. Em algum lugar antes do Éden, no mistério da eternidade passada, houve um golpe, uma rebelião, uma tentativa de assassinato. Lúcifer, o príncipe dos anjos, o capitão da guarda, rebelou-se contra a Trindade. Ele tentou tomar o trono do céu à força, auxiliado por um terço do exército angelical, em quem ele instilou a própria malícia. Eles fracassaram e foram lançados fora da presença da Trindade. Mas eles não foram destruídos e a batalha não acabou. Deus agora tem um inimigo... e nós também. O homem não nasce em uma comédia ou em uma novela: ele nasce em um mundo em guerra. Fazendo uma analogia, isto não é o seriado *Eu, a patroa e as crianças*; é o filme *O resgate do soldado Ryan*. Haverá muitas, muitas batalhas para lutar em muitos campos de batalha diferentes.

E, finalmente, por que Adão anseia ter uma bela para resgatar? Porque existe Eva. Ele vai precisar dela, e ela vai precisar dele. Na verdade, a primeira e maior batalha de Adão está prestes a começar, como uma batalha para Eva. Mas permita-me definir a cena um pouco mais. Antes de Eva ser tirada do lado de Adão e deixar aquela dor que não vai embora enquanto ele não estiver com ela, Deus dá a Adão algumas instruções sobre o cuidado da criação e o papel dele na história que se desdobra. É bem básico e muito generoso. "Coma livremente de qualquer árvore do jardim, mas não coma da árvore do conhecimento do bem e do mal" (Gênesis 2:16,17). Certo, a maioria de nós já ouviu sobre isso. Mas observe o que Deus *não* diz a Adão.

Não há advertência ou instrução sobre o que está prestes a ocorrer: a tentação de Eva. Isso é simplesmente surpreendente. É notável que esteja faltando no diálogo entre Adão e Deus algo como: "Adão, mais uma coisa. Na próxima terça-feira, sem ser esta, a outra, por volta das 16h, você e Eva vão estar no pomar e uma coisa perigosa vai acontecer. Adão, você está ouvindo? O destino eterno da raça humana depende deste momento. Agora, eis o que eu quero que você faça..." Deus não lhe conta. Ele nem sequer menciona isso, até onde sabemos. Pelo amor! *Por que não?!* Porque Deus *acredita* em Adão. Isto era o que ele foi projetado a fazer: sair bem de um aperto. Adão não precisava de instruções passo a passo, porque foi *para isso* que ele foi criado. Já estava lá, tudo o que ele precisava, em seu projeto, em seu coração.

Desnecessário dizer que a história não correu bem. Adão falha; ele falha com Eva e com o resto da humanidade. Deixe-me fazer uma pergunta: Onde está Adão, enquanto a serpente tenta Eva? Ele está bem ali: "[Ela] tomou do seu fruto, comeu-o e o deu a seu marido, que comeu também" (Gênesis 3:6). A nota de rodapé da NVI sobre esse versículo traz "Ou *comeu e estava com ela*". O hebraico para "estava com ela" significa bem ali, lado a lado. Adão não está longe, em outra parte da floresta; ele não tem álibi. Ele está ali em pé, observando a coisa toda se desenrolar. O que ele faz? Nada. Absolutamente nada. Ele não diz uma palavra, não levanta um dedo.* Ele não vai correr o risco, não vai lutar e não vai salvar Eva. Nosso primeiro pai – o primeiro homem de verdade – cedeu à paralisia. Ele negou a própria natureza e tornou-se passivo. E cada homem depois dele, cada filho de Adão, agora carrega no coração o mesmo fracasso. Todo homem repete o pecado de Adão, todos os dias. Não nos arriscaremos, não lutaremos e não vamos resgatar Eva. Nós, com certeza, somos todos farinha do mesmo saco.

Para não deixarmos Eva de lado, devo pontuar que ela igualmente falhou em seu projeto. Eva foi dada a Adão como sua *ezer kenegdo* – ou, como trazem muitas versões –, "uma auxiliadora que lhe seja idônea" (Almeida Revista e Atualizada), ou "alguém que o auxilie e lhe corresponda" (NVI). Não parece muito, não é? A expressão no inglês, "*help meet*", me faz pensar em Hamburger Helper, o preparado que "auxilia" a carne moída a se tornar um prato culinário. Mas Robert Alter diz que essa é "uma palavra notoriamente difícil de traduzir". Significa algo muito mais poderoso do que apenas "auxiliadora"; significa "salvadora de vidas". Em outros lugares, o termo somente é usado referindo-se a Deus, quando precisa-se desesperadamente que ele venha socorrer. "Não há ninguém como o Deus de Jesurum, que cavalga os céus para ajudá-lo" (Deuteronômio 33:26). Eva é uma doadora de vida; ela é aliada de Adão. Foi para *ambos* que a carta patente para uma aventura foi dada. Os dois serão necessários para sustentar a vida. E ambos precisarão lutar juntos.

Eva é enganada... e muito facilmente, como observa minha amiga Jan Meyers. Em *The Allure of Hope* [O fascínio da esperan-

---

* Estou em dívida com Crabb, Hudson e Andrews por mostrarem isso em CRABB, Larry; HUDSON, Dom; ANDREWS, Al. O Silêncio de Adão. São Paulo: Vida Nova, 2006. *O silêncio de Adão* (Editora Vida Nova).

ça], Jan diz: "Eva foi convencida de que Deus retinha algo dela". Nem mesmo a extravagância do Éden pôde convencê-la de que o coração de Deus era bom. "Quando Eva foi [enganada], a arte de ser mulher deu um mergulho fatal nos lugares estéreis de controle e solidão." Agora toda filha de Eva quer "controlar seu ambiente, seus relacionamentos, seu Deus". Ela não mais é vulnerável; agora estará se agarrando. Ela não quer mais simplesmente compartilhar a aventura; agora quer controlá-la. E, quanto à sua beleza, ela ou a esconde, com medo e raiva, ou a usa para garantir seu lugar no mundo. "No nosso medo de que ninguém vai falar em nosso favor ou nos proteger ou lutar por nós, começamos a recriar a nós mesmas e a nosso papel na história. Manipulamos nosso ambiente para não nos sentirmos tão indefesas." A Eva caída torna-se ou rígida ou grudenta. Colocando de modo simples: Eva não é mais simplesmente *convidativa*. Ela ou fica se escondendo em ocupações ou fica exigindo que Adão venha em seu auxílio; geralmente, uma estranha combinação de ambos.

POSER

Adão sabe agora que ele estragou tudo, que algo dentro dele deu errado, que ele não é mais o que deveria ser. Não é simplesmente que Adão toma uma decisão ruim; ele *abre mão* de algo essencial à sua natureza. Ele está deteriorado agora, pois sua força foi abatida e ele sabe disso. Então, o que acontece? Adão se esconde. "Fiquei com medo, porque estava nu; por isso me escondi" (Gênesis 3:10). Você não precisa de um curso de psicologia para entender os homens. Entenda esse versículo, deixe que suas implicações penetrem em você, e os homens a seu redor ficarão, de repente, claros. Estamos nos escondendo, cada um de nós. Bem conscientes de que nós também não somos aquilo que deveríamos ser, desesperadamente temerosos de sermos expostos, com medo de sermos vistos como somos ou *não somos*, corremos para trás dos arbustos. Nos escondemos no escritório, na academia, atrás do jornal e, principalmente, *atrás de nossa personalidade*. A maior parte daquilo com o que você se depara ao encontrar um homem é fachada, uma elaborada folha de figueira, um disfarce brilhante.

Voltando de carro de um jantar, certa noite, um amigo e eu estávamos apenas confabulando sobre a vida, casamento e trabalho. Conforme a conversa se aprofundava, ele começou a admitir algumas das lutas que estava tendo. Então ele saiu com esta confissão: "A verdade, John, é que eu sinto que estou apenas [blefando] na vida... e que algum dia em breve vou ser exposto como impostor." Eu fiquei tão surpreso! Este é um cara popular e bem-sucedido, que a maioria das pessoas gosta, assim que o conhece. Ele é brilhante, articulado, bonito e atlético. É casado com uma mulher bonita, tem um ótimo emprego, dirige uma caminhonete nova e mora em uma casa grande. Não há nada do lado de fora que diga: "não é um homem de verdade". Mas, por dentro, é outra história. Sempre é.

Antes de mencionar meu pesadelo sobre estar no palco sem ter nada a dizer, outro amigo compartilhou comigo que ele também está tendo um pesadelo recorrente. Envolve um assassinato e o FBI. Aparentemente, em seu sonho, ele matou alguém e enterrou o corpo nos fundos da casa. Mas as autoridades estão se aproximando, e ele sabe que a qualquer momento descobrirão a cena do crime e ele será pego. O sonho sempre acaba um pouco antes de ele ser descoberto. Ele acorda suando frio. "Qualquer dia desses, eu vou ser descoberto", este é um tema bastante comum entre nós homens. Verdade seja dita, a maioria de nós está fingindo pela vida. Escolhemos somente aquelas batalhas que, com certeza, vamos vencer, somente aquelas aventuras com as quais certamente conseguiremos lidar, somente aquelas belas que, com certeza, resgataremos.

Deixe-me perguntar ao cara que não entende muito de carro: como você conversa com o seu mecânico? Eu entendo um pouco de consertar carros, mas não muito, e quando estou perto do meu mecânico, eu me sinto um banana. Então, o que eu faço? Eu finjo, eu poso. Assumo um tipo casual, descontraído, o qual imagino que seja o que "os caras" usem quando juntam as caminhonetes para um almoço, e eu espero ele falar.

— Parece que pode ser o seu combustível — diz ele.

— É, eu achei que pudesse ser isso.

— Quando foi a última vez que você reconstruiu o seu "carbu"?

— Ah, não sei... já deve fazer uns anos. — Eu acho que ele está falando sobre o meu carburador, e eu não faço ideia se alguma vez foi reconstruído.

— Bem, é melhor fazermos isso agora ou você vai acabar na estrada no meio do nada, a quilômetros de qualquer lugar, e aí vai ter que fazer isso sozinho.

— É. — digo casualmente, como se eu não quisesse me incomodar tendo que reconstruir essa coisa, ainda que eu saiba que eu não faria a menor ideia por onde começar.

Tudo o que eu tenho é um apito, lembra? Eu lhe digo para ir em frente, e ele estende a mão, uma mão grande e gordurosa que diz *eu manjo de ferramentas*. E o que devo fazer? Estou vestindo terno e gravata porque vou dar uma palestra no almoço de algumas mulheres, mas eu não posso dizer: "Ui, eu prefiro não sujar minhas mãos", então, eu agarro a mão dele e aperto com uma força extra.

E quanto a você que trabalha no mundo corporativo: como você age na sala de reuniões, quando a coisa está pegando fogo? O que você diz quando o chefão está pegando pesado com você? "Jones, que diabos está acontecendo com o seu pessoal? Vocês estão três semanas atrasados com esse projeto!" Você tenta passar a bola?

"Na verdade, senhor, nós encaminhamos os planos para o departamento de McCormick fazer o lance há algumas semanas." Você finge ignorância?

"É mesmo? Eu nem imaginava. Vou dar um jeito nisso." Talvez você simplesmente fuja assim: "Aquele trabalho tá no papo, senhor... a gente acaba ele esta semana."

Anos atrás, eu estive um tempo de serviço no mundo corporativo; o cabeça era um cara muito intimidador. Muita gente dançou na sala dele. Meu plano era basicamente tentar evitá-lo a todo custo; quando eu o encontrava no corredor, mesmo em conversas "amigáveis", sempre me sentia com dez anos de idade.

E quanto aos esportes? Há alguns anos, eu me ofereci como treinador para o time de beisebol do meu filho. Havia uma reunião obrigatória na qual todos os treinadores precisavam comparecer antes da temporada, para pegarem o equipamento e ouvirem instruções preparatórias. Nosso departamento de recreação trouxe um arremessador profissional aposentado, um morador local, para uma conversa estimulante. A pose toda que rolou ali foi incrível. Lá estava um bando de pais carecas, com barrigas de cerveja, meio que se pavoneando, falando sobre quando jogavam beisebol, mandando comentários sobre jogadores profissionais como se os conhecessem pessoalmente, e cuspindo (eu não estou brincando). Aquela "atitude" (usando uma palavra amena) estava tão gosmenta que era preciso bota sete léguas para andar por lá.

Foi o maior grupo de *posers* juntos que eu já encontrei... fora da igreja.

Esse mesmo tipo de coisa acontece nas manhãs de domingo, é apenas um conjunto diferente de regras. Dave encontra Bob no saguão da igreja. Ambos estão usando sua melhor cara de feliz, embora absolutamente não estejam felizes.

— Ei, Bob, como você tá? — Bob está realmente furioso com a esposa e está pronto para deixá-la, mas ele responde:

— Ótimo, Dave. O Senhor é bom! — Dave, por outro lado, não acredita na bondade de Deus há anos, desde que a filha morreu.

— É, Deus é bom o tempo todo. Estou muito feliz por estar aqui, louvando o Senhor.

— Eu também. Bem, eu vou orar por você!

Eu gostaria muito de ver um registro do número de orações de fato *oradas* comparado ao número de orações prometidas. Aposto que gira em torno de uma para mil.

— E eu vou orar por você também. Bem, tenho que ir! Se cuida.

"Se cuida" é a nossa maneira de dizer: "Não aguento mais essa conversa e quero sair daqui, mas não quero parecer grosso, então digo algo que pareça significativo e carinhoso", mas na verdade, Dave não dá a mínima para Bob.

A FORÇA VAI MAL

Adão cai e, com ele, todos seus filhos. Depois disso, o que vemos no desenrolar da história? Homens violentos ou homens passivos. A força vai mal. Caim mata Abel; Lameque ameaça matar todo mundo. Deus, por fim, inunda a Terra por causa da violência dos homens, mas ela ainda continua. Às vezes é física; na maioria das vezes é verbal. Conheço homens cristãos que dizem as maiores barbaridades para a esposa. Ou eles matam o cônjuge com seu silêncio, um silêncio frio e mortal. Conheço pastores, caras cordiais e amistosos no púlpito, que, da segurança de seu escritório, mandam e-mails virulentos para seus funcionários. É covardia tudo isso. Fiquei intrigado ao ler no diário de comandantes de guerra civil como os homens que suporíamos serem verdadeiros heróis acabam mostrando justamente o contrário. "Os durões que estão sempre prontos para uma luta de rua são covardes em campo de batalha aberto", declarou um cabo. Um sargento da mesma divisão concordou: "Não conheço um único valentão de luta de punho que não seja um soldado covarde." A violência, não importa sob que forma, é um encobrimento do *medo*.

E quanto aos empreendedores, os homens que lutam duramente na vida, abrindo caminho à força? A maior parte disso baseia-se em medo também. Nem tudo, mas a maior parte. Durante anos, eu fui um perfeccionista obsessivo, determinado, "tipo A". Eu exigia muito de mim e daqueles que trabalhavam para mim. Minha esposa não gostava de me ligar no trabalho, pois, como ela dizia, "você está com sua voz de trabalho ligada". Em outras palavras, "dá para ver sua folha de figueira". Toda aquela arrogância, suposta confiança e cobrança dura surgia do medo: medo de que, se eu não fizesse tal coisa, seria exposto como sendo menos que um homem. Nunca desanime, nunca baixe a guarda, dê 150% de si! Os empreendedores são uma forma socialmente aceitável de homens violentos, exagerando na atividade de um ou de outro modo. Suas baixas tendem a ser no casamento, na família e na saúde. Enquanto não encarar de modo honesto isso, e o que, de fato, está por trás disso, o homem causará danos grandes.

Depois, há os homens passivos. Abraão é um bom exemplo. Ele sempre se esconde atrás da saia da esposa quando as coisas ficam difíceis. Quando ele e sua casa são forçados por uma fome a irem ao Egito, ele diz a faraó que Sara é sua irmã, para que não seja morto; ele a coloca em risco para salvar a própria pele. Faraó leva Sara para seu harém, mas a farsa toda é exposta quando Deus ataca os egípcios com doenças. Você acha que Abraão aprendeu a lição, mas não – ele faz a mesma coisa anos depois, quando se muda para o Neguebe. De fato, seu filho Isaque leva a tradição adiante, comprometendo Rebeca da mesma forma. Os pecados do pai passaram adiante. Abraão é um bom homem, um amigo de Deus. Mas ele também é um covarde. Eu conheço muitos como ele. Homens que não conseguem se comprometer com a mulher com quem estão envolvidos há anos. Homens que não conseguem encarar o pastor e lhe dizer o que realmente pensam. Pastores e líderes cristãos que se escondem atrás da folha de figo da gentileza e "espiritualidade", e nunca, jamais, enfrentam uma situação difícil. Caras que organizam os clipes de papel. Homens que se escondem atrás do jornal ou da televisão e não conversam de verdade com a esposa ou os filhos.

Eu também sou como ele – um verdadeiro filho de Abraão. Mencionei que os primeiros anos de nossa vida no teatro foram bons, mas essa não é a história completa. Eu também tive um caso... com meu trabalho. Eu me casei com minha esposa sem nunca resolver ou mesmo conhecer as questões mais profundas de minha própria alma. Subitamente, no dia seguinte ao nosso casamento, eu me deparo com a realidade de que agora tenho essa mulher como minha companheira constante e não faço ideia do que realmente significa amá-la, nem se eu tenho tudo o que ela precisa de mim. *E se eu oferecer a ela tudo que tenho como homem e isso não for o bastante?* Esse era um risco que eu não estava disposto a correr. Mas eu sabia que tinha o que precisava para o teatro e, aos poucos, comecei a passar mais e mais tempo lá. Tarde da noite, fins de semana e, afinal, todo momento acordado. Eu estava me escondendo, como Adão, fugindo do fato de que requisitavam minha força, e eu realmente duvidava de que eu tivesse alguma.

A evidência é clara: a queda de Adão e Eva gerou um tremor, passado ao longo da raça humana. Uma falha fatal entrou no original e foi passada para cada filho e filha. Deste modo, todo menino e toda menina chegam ao mundo configurados para o desânimo. Mesmo que não consiga colocar isso em palavras, todo homem é assombrado pela pergunta: "Eu sou realmente um homem? Eu vou ter o que precisa... quando for a hora?" O que se segue é a história com a qual estamos pessoalmente muito, muito mais familiarizados.

CAPÍTULO 4

A FERIDA

A mãe do pequeno Billy sempre lhe dizia exatamente o que podia fazer e o que não podia fazer. Todas as coisas que lhe eram permitidas fazer eram chatas. Todas as coisas que não lhe eram permitidas fazer eram empolgantes. Uma das coisas que NUNCA, jamais lhe era permitido fazer, a mais empolgante de todas, era sair sozinho pelo portão do jardim e explorar o mundo além.

ROALD DAHL, OS MINPINS

Na clareira está um boxeador
E um lutador por profissão
E ele carrega as lembranças
De cada luva que o pôs no chão
e o cortou até fazê-lo gritar,
em sua ira e sua vergonha:
"Estou fora, estou fora",
Mas o lutador ainda permanece.

"O BOXER"
(© 1968 por Paul Simon)

Acredito que eu tenha sido o único, em toda a companhia, a percorrer todo o caminho pela Normandia sem me ferir.

Soldado William Craft,
314º Batalhão de infantaria

A história da queda de Adão é a história de todo homem. É simples e direta, quase mítica em sua brevidade e profundidade. E, assim, cada um dos homens vem ao mundo configurado para o desânimo. Então, vem a história da qual estamos muito mais conscientes: nossa própria história. Onde a história de Adão parece simples e direta, a nossa parece complexa e detalhada; nela estão envolvidos muitos outros personagens e o enredo às vezes é difícil de acompanhar. Mas o resultado é sempre o mesmo: uma ferida na alma. Todo menino, em sua jornada para se tornar homem, leva uma flechada no meio do coração, no lugar de sua força. Como a ferida raras vezes é discutida e ainda mais raras às vezes em que é curada, todo homem carrega uma ferida. E a ferida é quase sempre causada pelo próprio pai.

A PERGUNTA MAIS PROFUNDA DE UM HOMEM

Em uma tarde quente de agosto, alguns anos atrás, meus filhos e eu estávamos escalando em um lugar rochoso chamado *Garden of the Gods* [Jardim dos deuses], perto de nossa casa. As colunas de arenito vermelho parecem as barbatanas dorsais de alguma grande fera que acabou de emergir do porão do tempo. Nós todos amamos escalar, e esse nosso amor vai além da aventura. Há algo em enfrentar um muro de rocha, aceitar seu desafio e dominá-lo que o intima, o testa e afirma do que você é feito. Além disso, os garotos vão escalar tudo mesmo – a geladeira, o corrimão, o caramanchão da vizinha –, então é melhor que os levemos para passear. E, além disso, é uma desculpa para comprar uns equipamentos muito legais. De qualquer forma, quando escalo com os garotos, nós sempre fazemos *top-rope*, o que significa que antes da subida eu monto a proteção com a corda vindo do topo da rocha, permitindo que eu a segure do chão. Dessa forma, posso guiá-los à medida que sobem, vendo cada movimento deles, ajudando-os nos pontos difíceis. Sam foi o primeiro a subir naquela tarde e, depois de prender a corda no cinto, começou sua tentativa.

As coisas estavam indo bem até ele chegar a uma parte saliente que, mesmo quando se está amarrado, faz com que você se sinta exposto e mais do que só um pouco vulnerável. Sam não estava conseguindo passar por aquilo e foi ficando mais e mais assustado conforme o tempo ia passando e ele continuava pendurado; as lágrimas logo se seguiriam. Então, passando-lhe tranquilidade, eu lhe disse que voltasse, que não precisávamos escalar essa pedra hoje, que eu sabia de outra que poderia ser mais divertida. "Não", disse ele, "eu quero escalar essa." Eu entendi. Chega um momento em que simplesmente temos de enfrentar os desafios na vida e parar de recuar. Então, com um certo incentivo, eu o ajudei a subir pela saliência, e ele foi com maior velocidade e confiança. "Muito bem, Sam! Está indo bem. É isso aí... Agora, estique a mão direita... Isso, agora empurre aquele apoio do pé... Ótimo movimento!"

Observe que parte crucial de qualquer esporte masculino é esse tipo de "conversa fiada". É o nosso jeito de encorajarmos um ao outro sem parecer que estamos encorajando. Os homens raramente se elogiam diretamente, como as mulheres: "Ted, eu absolutamente amei seu short. Você está ótimo hoje". Nós elogiamos indiretamente, falando das realizações: "Uh, bela tacada, Ted. Você está com uma rebatida malvada hoje." Enquanto Sam subia, eu lhe oferecia palavras de conselho e de exortação. Ele chegou a um outro ponto desafiador, mas desta vez foi direto na direção dele. Mais alguns movimentos e ele estaria no topo. "Parabéns, Sam. Você é um *homem selvagem*." Ele terminou a escalada e, enquanto descia pela parte de trás, eu comecei a prender Blaine. Dez ou quinze minutos se passaram, e a história foi esquecida por mim. Mas não por Sam. Enquanto eu instruía seu irmão na subida no rochedo, Sam veio aproximando-se timidamente de mim e, em voz baixa, perguntou: "Pai... você achou mesmo que eu fui um homem selvagem lá em cima?"

Perca esse momento e você perderá o coração de um menino para sempre. Não é uma pergunta – é *a* pergunta –, aquela que todo menino e homem anseiam por fazer: "Eu tenho o que é preciso? Eu sou potente?" Até que um homem *saiba* que é um homem, ele estará sempre tentando provar que é, ao mesmo tempo que se encolherá de qualquer coisa que possa revelar que ele não é. A maioria dos homens vive a vida assombrado pela pergunta, ou aleijado pela resposta que lhe foi dada.

DE ONDE VEM A MASCULINIDADE?

Para entender como um homem recebe uma ferida, você deve entender a verdade central da jornada de um menino à virilidade: a masculinidade é *outorgada*. Um garoto aprende quem ele é e o que ele tem com um homem ou na companhia de homens. Ele não pode aprender em outro lugar. Ele não pode aprender com outros meninos e não pode aprender no mundo das mulheres. O plano desde o princípio do tempo era que o pai estabelecesse o fundamento para o coração de um menino, e passasse para ele aquele conhecimento e confiança essenciais em sua força. Papai seria o primeiro homem na vida do menino e, para sempre, o homem mais importante. Acima de tudo, ele responderia a *pergunta* para seu filho e lhe daria um nome. Ao longo da história do homem que nos é dada nas Escrituras, é o pai quem dá a bênção e, dessa forma, "nomeia" o filho.

Adão recebeu de Deus o seu nome e também o poder de nomear. Ele dá nome a Eva, e creio que é seguro dizer que também nomeia os filhos. Sabemos que Abraão nomeou Isaque e, embora a impressão que dá é que os filhos de Isaque, Jacó e Esaú, foram nomeados pela mãe, eles desesperadamente anseiam pela *bênção* que só pode vir da mão do pai. Jacó recebe a bênção e, quase um século depois, apoiando-se em seu cajado, ele a passa adiante para os filhos – ele lhes dá nome e identidade. "Judá é um leão novo... Issacar é um jumento forte... Dã será uma serpente [... Gade será atacado por um bando, mas é ele que o atacará e o perseguirá... José é uma árvore frutífera... seu arco permaneceu firme..." (Gênesis 49:9,14,17,19,22,24). O pai do batizador nomeia-o João, mesmo que o resto da família estivesse para nomeá-lo Zacarias, como o pai. Até mesmo Jesus precisava ouvir essas palavras de afirmação de seu Pai. Após ser batizado no rio Jordão, antes do ataque brutal à sua identidade no deserto, seu Pai fala: "Tu és o meu Filho amado; em ti me agrado" (Lucas 3:22). Em outras palavras: "Jesus, estou profundamente orgulhoso de ti; tu tens o que precisa."

Uma história, em particular, de nomeação paterna me intriga. Gira em torno de Benjamim, o último filho nascido a Jacó. Raquel dá à luz ao menino, mas, como resultado, ela vai morrer. Com seu último suspiro, ela o nomeia Benoni, que significa "filho da minha aflição". Mas Jacó intervém e o nomeia Benjamim: "filho da minha direita" (Gênesis 35:18). Este é o passo crítico, quando um menino extrai a própria identidade não mais da mãe, mas do pai. Observe que foi necessária uma *intervenção* ativa do homem; sempre é.

MÃES E FILHOS

Um menino é trazido ao mundo pela mãe, e ela é o centro de seu universo naqueles primeiros tenros meses e anos. Ela o amamenta, cuida dele, protege-o; ela canta para ele, lê para ele, cuida dele, como diz o velho ditado, "como a mãe galinha". Ela frequentemente lhe nomeia também, nomes carinhosos, como "minha ovelhinha" ou "queridinho da mamãe", ou até mesmo "meu namoradinho". Mas um menino não pode crescer com um nome como esses, muito menos um nome como "filho da minha aflição", e chega o momento da mudança, quando ele começa a procurar a afeição e atenção do pai. Ele quer brincar de bola com papai e lutar com ele, passar um tempo juntos ao ar livre ou na oficina. Se o pai trabalha fora, como a maioria, então seu retorno, à noite, se torna o maior evento do dia dos garotos. Minha esposa Stasi sabe dizer quando isso aconteceu com cada um dos nossos meninos. Esse é um momento muito difícil na vida de uma mãe, quando o pai a substitui como o sol do universo do menino. É parte da tristeza de Eva, esse deixar ir, ser substituída.

Poucas mães fazem isso de bom grado; muito poucas fazem bem feito. Muitas mulheres pedem aos filhos que ocupem o vazio em sua alma deixado pelo marido. Mas o menino tem uma pergunta que precisa de uma resposta e ele não consegue a resposta da mãe. Feminilidade jamais pode outorgar masculinidade. Minha mãe costumava me chamar de "querido", mas meu pai me chamava de "tigrão". Em que direção você acha que um menino gostaria de rumar? Ele ainda se voltará para a mãe em busca de conforto (para quem ele corre quando esfola o joelho?), mas ele se voltará para o pai em busca de aventura, para ter uma chance de testar sua força e, acima de tudo, para obter a resposta à sua pergunta. Um exemplo clássico desses papéis de duelo ocorreu outra noite. Nós estávamos dirigindo pela estrada e os meninos estavam falando sobre o tipo de carro que querem ter quando chegar a hora de escolher o primeiro conjunto de rodas.

— Eu estava pensando em um Humvee, uma moto, talvez até um tanque. O que você acha papai?

— Eu fico com o Humvee. Nós poderíamos colocar uma metralhadora no topo.

— E você, mamãe, que tipo de carro você quer que eu tenha?

Já sabe o que ela disse...

— Um seguro.

Stasi é uma mãe maravilhosa! Ela mordeu a língua tantas vezes que me pergunto se ainda tem uma, porque ela se segura quando os meninos e eu disparamos para alguma aventura clamando por destruição ou derramamento de sangue. A primeira reação dela – "seguro" – é tão natural, tão compreensível. Afinal de contas, ela é a encarnação da ternura de Deus. Mas, se uma mãe não permitir que o filho corra perigo, se ela não deixar o pai sair com ele, ela vai castrá-lo. Acabei de ler a história de uma mãe, divorciada do marido, que ficou furiosa por ele querer levar o menino para caçar. Ela tentou obter uma ordem judicial para impedi-lo de ensinar o menino sobre armas. Isso é emasculação. "Minha mãe não me deixava brincar com Comandos em ação", disse-me um jovem. Outro contou: "Nós vivíamos na costa leste, perto de um parque de diversões. Tinha uma montanha-russa, daquelas antigas de madeira. Mas minha mãe nunca me deixou ir." Isso também é emasculação, e o menino precisa ser resgatado por meio da intervenção ativa do pai ou de outro homem.

Esse tipo de intervenção é poderosamente retratado no filme *Um mundo perfeito*. Kevin Costner interpreta um condenado fugitivo que faz um menino refém e se dirige para a fronteira estadual. Mas, conforme se desenrola a história, vemos que o que parece a ruína do garoto é, na verdade, sua *redenção*. O menino está de cuequinha de dormir quando Costner o sequestra. É aí que muitas mães querem manter os filhos, ainda que inconscientemente. Ela quer sua ovelhinha por perto. Nos dias que se seguem, dias juntos na jornada, Costner e o menino, que não tem pai, ficam próximos. Quando fica sabendo que a mãe do menino nunca lhe permitiu andar de montanha-russa, Costner fica indignado. A cena seguinte é o garoto, com os braços erguidos no ar, rodando por estradas rurais no teto da caminhonete. Esse é o convite para o mundo de um homem, um mundo que envolve perigo. Implícito no convite está a *afirmação*: "Você consegue lidar com isso; você pertence a este lugar."

Chega um momento em que Costner compra uma calça para o menino (o simbolismo no filme é incrível), mas o garoto não quer tirar a cuequinha e se vestir na frente dele. Ele é um garoto tímido e envergonhado, que ainda não sorriu na história. Costner percebe que algo está acontecendo.

— O que foi? Tem vergonha de eu olhar o seu piu-piu?
— Ele é... pequeno.

— O quê?
— É pequeno.
— Quem disse isso?*

O menino, Phillip, fica em silêncio. É o silêncio da emasculação e da vergonha. A ausência da voz do pai fala alto e claro. Então, Costner intervém e diz. "Deixa eu ver... anda, eu vou dizer a verdade". O menino relutantemente se descobre. "Não é, não, Phillip. Tá de bom tamanho para um garoto da sua idade." Um sorriso surge em seu rosto, como o sol nascendo, e sabemos que um limiar importante foi cruzado por ele.

DA FORÇA À FORÇA

A masculinidade é uma *essência* difícil de articular, mas um menino naturalmente a anseia, como anseia água e comida. É algo passado entre os homens. Robert Bly observa que:

> A maneira tradicional de criar filhos, que remonta a milhares e milhares de anos, equivalia a pais e filhos vivendo em proximidade extrema – mortalmente próximos –, enquanto o pai ensinava ao filho um ofício: talvez agricultura ou carpintaria, ou ferraria ou alfaiataria.

Meu pai me ensinou a pescar. Nós passávamos longos dias juntos, dentro de um barco em um lago, tentando pegar peixes. Eu nunca, jamais esquecerei a alegria dele por mim quando eu pegava um. Mas os peixes não foram a coisa realmente importante. Era o prazer, o contato, a presença masculina sendo ale-

---

* Transcrito do filme *Um mundo perfeito,* dublado em português. [N. do T.]

gremente conferida a mim. "Grande garoto, tigrão! Puxe para dentro! Isso aí... bom trabalho!" Ouça os homens ao falarem calorosamente sobre o pai e você ouvirá o seguinte. "Meu pai me ensinou a consertar trator... arremessar uma bola curva... a caçar codornizes." E, a despeito dos detalhes, o principal sendo transmitido é a bênção masculina.

> Pais e filhos, na maioria das culturas tribais, vivem em uma tolerância mútua divertida. O filho tem muito a aprender e, assim, pai e filho passam horas tentando e fracassando juntos para fazer ponta de flechas ou consertar uma lança ou perseguir um animal inteligente. Quando pai e filho passam longas horas juntos, o que alguns ainda fazem, podemos dizer que uma substância quase como comida passa do corpo mais velho para o mais novo. (ROBERT BLY)

É por isso que meus meninos amam lutar comigo, por isso que qualquer garoto saudável quer ter isso com seu pai. Eles amam o contato físico, roçar contra minha bochecha, sentir a lixa do meu bigode, sentir minha força ao redor deles e testar a deles em mim.

E esse *teste* é tão essencial. À medida que foram crescendo, começaram a amar brincar de soco comigo. Luke fez isso esta manhã. Eu estava no andar de baixo, preparando o café da manhã; Luke sentiu a oportunidade, desceu pé ante pé e silenciosamente me espreitou, quando chegou perto, ele me deu um soco. Dói, e *eles precisam ver* que dói. Eles têm a força do papai? A força aumentando é real e substancial? Nunca vou esquecer do dia que Sam, quase por acidente, me deixou com o lábio sangrando quando lutávamos. De primeira, ele recuou com medo, esperando (sinto muito ter que admitir) pela minha raiva. Felizmente, naquela ocasião eu apenas limpei o sangue, sorri e disse: "Uau... belo soco!" Ele abriu um sorriso; não, ele se *exibiu*. Agitou sua galhada para mim. A notícia rapidamente se espalhou pela casa e seus irmãos mais novos apareceram em cena, olhos arregalados para o fato de que um deles tinha me arrancado sangue. Novas possibilidades se abriram. Talvez os cervos jovens possam derrotar o velho touro.

"As sociedades antigas acreditavam que um menino se torna um homem apenas por meio de ritual e esforço – somente por meio da 'intervenção ativa dos homens mais velhos'", relembra-nos Bly. O pai ou outro homem deve intervir ativamente, e a mãe deve soltar. Bly conta a história de um ritual tribal que envolve todos os homens levando o menino longe para a iniciação. Mas, neste caso, quando ele retorna, a mãe do garoto finge não reconhecê-lo. Ela pede para ser apresentada ao "jovem homem". Essa é uma bela figura de como uma mãe pode cooperar na passagem do filho para o mundo do pai. Se ela não o fizer, as coisas se tornarão muito confusas depois – especialmente no casamento. O menino desenvolve um vínculo com a mãe que é como um incesto emocional. Sua lealdade está dividida. É por isso que as Escrituras dizem: "Por essa razão, *o homem deixará* pai e mãe e se unirá à sua mulher" (Gênesis 2:24, grifo do autor).

Às vezes, quando a mãe gruda, o menino tenta violentamente se afastar. Isso tipicamente vem na adolescência e muitas vezes envolve algum comportamento feio, talvez alguns palavrões por parte do jovem. Ela se sente rejeitada, e ele se sente culpado, mas ele sabe que *precisa* se livrar. Essa foi minha história, e, desde então, meu relacionamento com minha mãe nunca foi bom. Descobri que muitos, muitos homens adultos ressentem-se da mãe, mas não sabem dizer por quê. Eles simplesmente sabem que não querem estar perto delas; eles raramente ligam. Como confessou meu amigo Dave: "Eu odeio ligar para minha mãe. Ela sempre diz algo como: 'É tão bom ouvir essa sua vozinha.' Eu tenho 25 anos e ela ainda quer me chamar de 'minha ovelhinha.'" De alguma forma, ele sente que a proximidade com a mãe coloca em risco sua jornada masculina, como se ele pudesse ser tragado de volta. É um medo irracional, mas revela que ambos ingredientes essenciais à sua passagem estavam em falta: a mãe não soltou e papai não o levou.

Qualquer que seja a falha da mãe, ela pode ser superada pelo envolvimento do pai. Voltando para a história da escalada com Sam. "Você acha mesmo que eu fui um homem selvagem lá em cima?" Ele não perguntou: "Você acha que eu sou um bom garoto?" Ele perguntou sobre sua força, sua capacidade perigosa de realmente conseguir fazer o que era preciso. A passagem de um menino para a virilidade compreende muitos desses momentos. O papel do pai é planejá-los, convidar o filho para eles, ficar de olhos abertos para o momento em que a pergunta surgir e, então, falar ao coração do filho: *Sim, você é*. Você tem o que precisa. E é por isso que a ferida mais profunda é sempre causada pelo pai. Como diz Buechner, "se estranhos e visões estranhas podem abalar o mundo das crianças, é preciso que as pessoas que elas conhecem e mais amam tirem isso de sob elas, como se tira uma cadeira."

O PAI-FERIDA

Dave lembra o dia em que a ferida veio. Seus pais estavam discutindo na cozinha, e o pai estava abusando verbalmente da mãe. Dave ficou do lado da mãe e o pai explodiu. "Não me recordo de tudo que foi dito, mas lembro de suas últimas palavras: 'Você é um filhinho da mamãe', berrou ele para mim. Depois saiu." Talvez se Dave tivesse um relacionamento forte com o pai na maior parte do tempo, uma ferida como essa poderia ser amenizada, depois curada por palavras de amor. Mas o golpe veio depois de anos de distância entre eles. O pai de Dave, muitas vezes, ocupava-se de manhã à noite com o próprio negócio e, assim, raramente passavam tempo juntos. Além disso, Dave sentia que trazia uma decepção crônica ao pai. Ele não era um atleta brilhante, o que sabia ser muito valorizado pelo pai. Ele tinha fome espiritual e frequentava assiduamente a igreja, o que seu pai não valorizava. E, assim, aquelas palavras caíram como um golpe final, uma sentença de morte.

Leanne Payne diz que, quando a relação pai-filho está ajustada, "a silenciosa árvore da força masculina dentro do pai protege e alimenta a frágil masculinidade adolescente dentro do filho." O pai de Dave pegou um machado e deu o mais duro golpe em sua jovem árvore. Como eu gostaria que fosse um caso raro, mas lamento profundamente dizer que ouvi incontáveis histórias como essa. Havia um menino chamado Charles que adorava tocar piano, mas o pai e os irmãos eram desportistas. Um dia, eles voltaram da academia e encontraram o garoto no teclado, e quem sabe o que mais foi acumulado em anos de escárnio e desprezo na alma do pai, e o filho recebeu o tiro terrível: "Você é um bichinha". Um homem da idade do meu pai me contou como foi crescer durante a depressão; os tempos eram difíceis para sua família, e seu pai, um alcoólatra raramente empregado, o alugou para um agricultor das redondezas. Um dia, enquanto estava no campo, ele viu o carro do pai encostar; ele não o via há semanas, então correu para encontrá-lo. Antes que conseguisse chegar nele, o pai pegou o cheque do salário do filho e, espiando o menino correndo em sua direção, pulou no carro e saiu em disparada. O menino tinha cinco anos de idade.

No caso de pais violentos, a pergunta do menino é respondida de maneira devastadora. "Eu tenho o que é preciso? Eu sou um homem, papai?" Não, você é um filhinho da mamãe, um idiota, um bichinha, uma gaivotinha. Esses são termos definidores que moldam a vida de um homem. As feridas agressivas são como uma explosão de espingarda no peito. Pode se tornar indescritivelmente diabólica quando envolve abuso físico, sexual ou verbal, suportado por anos. Sem algum tipo de ajuda, muitos homens nunca se recuperam. Uma coisa sobre as feridas agressivas: elas são óbvias. As feridas passivas não; essas são perniciosas, como um câncer. Por serem sutis, muitas vezes não são reconhecidas como feridas e, portanto, são, de fato, mais difíceis de serem curadas.

Meu pai era, em muitos aspectos, um bom homem. Ele me apresentou ao oeste e me ensinou a pescar e acampar. Ainda me lembro dos sanduíches de ovo frito que ele preparava para o nosso jantar. Era no rancho de meu avô paterno, onde eu trabalhava todos os verões. Meu pai e eu vimos muito do oeste juntos, enquanto íamos fazer a longa viagem de carro do sul da Califórnia até o Oregon, muitas vezes com desvios para pesca em Idaho e Montana. Mas, como tantos homens de sua época, meu pai nunca lidou com a questão das próprias feridas e passou a beber quando sua vida começou a ir ladeira a baixo. Eu tinha cerca de onze ou doze anos na época – uma idade muito crítica na jornada masculina –, a idade em que a pergunta realmente começa a vir à tona. No exato momento em que eu desesperadamente me perguntava o que significava ser homem e se eu tinha o que era preciso, meu pai se foi, silenciou-se. Ele tinha uma oficina nos fundos, ligada à garagem, e ele passava suas horas ali sozinho, lendo, fazendo palavras-cruzadas e bebendo. Essa é uma ferida significativa.

Nunca receber nenhum tipo de bênção do pai é uma ferida. Nunca passar tempo com ele nem ter pequenos momentos preciosos, isso também é uma ferida. O pai do meu amigo Alex morreu quando esse tinha quatro anos. O sol em seu universo se pôs para nunca mais se levantar. Como é que um menininho vai entender isso? Todas as tardes, Alex ficava junto à janela da frente, esperando o pai voltar para casa. Isso se deu por quase um ano. Eu tive muitos clientes cujo pai simplesmente foi embora e nunca mais voltou. O pai de Stuart fez isso, levantou e saiu, e a mãe, uma mulher perturbada, foi incapaz de criá-lo. Ele, então, foi enviado para um casal de tios. Divórcio ou abandono é uma ferida persistente, porque o menino (ou a menina) acredita que, se tivesse feito as coisas de uma forma melhor, papai teria ficado.

Alguns pais causam uma ferida apenas por seu silêncio; eles estão presentes, mas ausentes para os filhos. O silêncio é ensurdecedor! Lembro-me de, quando garoto, querer que meu pai morresse, e sentir uma culpa imensa por ter tal desejo. Agora eu entendo que queria alguém para validar a ferida. Meu pai se fora, mas, como ainda estava fisicamente por perto, ele não se fora. Então, eu vivia com uma ferida que ninguém podia ver ou entender. No caso de pais silenciosos, passivos ou ausentes, a pergunta fica sem resposta. "Eu tenho o que é preciso? Eu sou um homem, papai?" O silêncio deles é a resposta: "Não sei... duvido... você vai ter que descobrir sozinho... provavelmente não."

O EFEITO DA FERIDA

Todo homem carrega uma ferida. Jamais conheci homem sem uma. Não importa quão boa tenha sido sua vida, você vive em um mundo destroçado, cheio de pessoas destroçadas. Sua mãe e seu pai, não importa quão maravilhosos fossem, não podiam ser perfeitos. Ela é filha de Eva; e ele, filho de Adão. Portanto, não há como atravessar por este campo sem sair com uma ferida. Elas podem vir de outras fontes: um irmão, um tio, um treinador ou um estranho. Mas é certo que vem. E cada ferida, seja agressiva ou passiva, transmite uma *mensagem*. A mensagem parece final e verdadeira, absolutamente verdadeira, porque é transmitida com tamanha força. Nossa reação a isso molda nossa personalidade de maneira muito significativa. Disso jorra o falso eu. A maioria dos homens que você conhece está vivendo um falso eu, uma pose, que está diretamente relacionado às suas feridas. Permita-me tentar esclarecer isso.

A mensagem transmitida com minha ferida (meu pai desaparecendo nas próprias batalhas) foi simplesmente esta: "Você está sozinho, John. Não há ninguém do seu lado, ninguém para lhe mostrar o caminho e, acima de tudo, ninguém para lhe dizer se você é ou não é um homem. A questão central de sua alma não tem resposta e nunca vai ter." O que um menino faz com isso? Em primeiro lugar, eu me tornei um adolescente indisciplinado. Fui expulso da escola, tive ficha na polícia. Frequentemente, interpretamos tal comportamento como "rebelião adolescente", mas isso são clamores por envolvimento, *engajamento*. Mesmo após o meu dramático resgate por Deus aos dezenove anos, quando me tornei cristão, a ferida continuava. Como disse meu querido amigo Brent: "Tornar-se cristão, não necessariamente, consertam-se as coisas. Minhas flechas ainda estavam profundamente alojadas e se recusavam a permitir que algumas feridas internas de raiva se curassem."

Mencionei anteriormente que durante anos eu fui um homem muito obstinado, um perfeccionista, um tipo durão e um homem ferozmente independente. O mundo recompensa esse tipo de obsessividade; a maioria dos homens de sucesso lendo este livro tem esse perfil. Mas atrás de mim ficou um rastro de baixas – pessoas que eu magoei ou descartei –, inclusive a do meu próprio pai. Quase houve a baixa do meu casamento e, certamente, houve a baixa do meu próprio coração, pois, para viver uma vida movida à obsessão, é necessário jogar o coração ao chão ou empurrá-lo a chibatadas. Você nunca pode admitir a necessidade, nunca pode admitir o quebrantamento. Essa é a história da criação do falso eu. E, se você perguntasse à minha esposa durante nossos dez primeiros anos de casados se tínhamos um bom relacionamento, ela provavelmente teria dito que sim. Mas se você lhe perguntasse se havia algo faltando, se ela sentia haver um problema fatal, ela poderia lhe dizer de imediato: ele não precisa de mim. Esse foi o meu voto, você percebe?

Eu não vou precisar de ninguém.

Afinal, a ferida foi profunda e não havia cicatrizado, e a mensagem que trouxe pareceu tão definitiva: *estou por minha conta.*

Outro amigo, Stan, é um advogado de sucesso e um cara genuinamente bom. Quando ele tinha cerca de quinze anos, o pai cometeu suicídio: enfiou uma arma na boca e puxou o gatilho. A família tentou deixar tudo para trás, varreram para debaixo do tapete. Eles nunca mais conversaram sobre isso. A mensagem transmitida por aquele horrendo golpe foi algo assim: "Seu histórico é muito sombrio; o masculino na família não pode sequer ser mencionado; qualquer coisa selvagem é violenta e má." O efeito foi outro tipo de promessa: "Eu nunca farei nada remotamente perigoso, arriscado ou selvagem. Eu nunca serei como meu pai" – quantos homens vivem com esse voto? – "Eu não darei nenhum passo nessa direção. Eu vou ser o cara mais legal que alguém já conheceu." E, sabe o que mais? Ele é. Stan é o cara mais legal que você poderia conhecer: gentil, criativo, carinhoso, de fala mansa. E agora ele odeia isso sobre si mesmo; ele odeia a ideia de que é um bobalhão, de que não pode confrontar alguém, não consegue dizer não, não consegue defender-se sozinho.

Essas são as duas opções básicas. Os homens ou compensam a ferida e tornam-se obsessivos (homens violentos), ou recuam e ficam passivos (homens retirados). Com frequência é uma estranha mistura de ambos. Testemunhe as mensagens gêmeas ostentadas, especialmente por jovens universitários: cavanhaque, barbicha ou tatuagem, que declaram: "Sou meio perigoso", e um boné de lado ou virado para trás, que diz: "Mas, na verdade, eu sou um garotinho, não peça nada de mim." Qual vai ser? Você é forte ou é fraco? Lembra de Alex, que ficava na porta esperando por um pai que nunca voltaria? Se você o tivesse conhecido na faculdade, nunca, nem em um milhão de anos, imaginaria que aquela era a história dele. Ele era um homem, um jogador incrível de futebol americano. Um homem beberrão e durão, admirado e respeitado por todos os caras. Ele dirigia uma caminhonete, mastigava tabaco, amava o ar livre. Ele costumava comer vidro. Estou falando sério. Era uma espécie de truque de festa da república que ele assumiu, a demonstração máxima de força perigosa. Ele literalmente dava uma mordida em um copo de vidro, mastigava-o lentamente e o engolia. Quando trabalhou como leão de chácara em um bar pesado, era um show bem impressionante para colocar os arruaceiros na linha. Mas era um show – o completo alter ego – do machão.

Charles, o garoto artístico, o pianista cujo pai chamou-o de "bichinha" – o que você acha que aconteceu? A partir daquele dia, ele nunca mais tocou piano novamente. Anos mais tarde, um homem de vinte e tantos anos, ele não sabe o que fazer da vida. Ele não tem paixão, não consegue encontrar uma carreira que ame. E, assim, não consegue se comprometer com a mulher que ama, não pode se casar com ela porque é inseguro demais sobre si mesmo. Mas, é claro, seu coração foi derrubado lá atrás em sua história. Dave também está agora na casa dos vinte anos, à deriva, profundamente inseguro e carregado com uma grande dose de ódio por si mesmo. Ele não se sente como um homem e acredita que nunca se sentirá. Como muitos, ele se debate com insegurança quando está perto de mulheres e perto de homens que vê como homens de verdade. Stuart, cujo pai o abandonou, tornou-se um homem sem emoção. Quando menino, seu personagem favorito era Spock, o alienígena de *Jornada nas estrelas*, que vive apenas em sua mente. Stuart é agora um cientista e sua esposa é imensamente solitária.

E assim vai. A ferida vem e, com ela, uma mensagem. Nesse lugar o menino faz um voto, escolhe um modo de vida que dá origem ao falso eu. No cerne de tudo isso está uma profunda incerteza. O homem não vive de forma centrada. Tantos homens sentem-se travados, quer paralisados e incapazes de se moverem, quer incapazes de pararem de se mover. Claro, toda menina tem a própria história também. Mas eu quero guardar isso para um capítulo posterior, trazendo junto à forma como um homem luta pelo coração de uma mulher. Permita-me dizer mais algumas palavras sobre o que acontece com um homem depois que a ferida é causada.

CAPÍTULO 5

A BATALHA PELO CORAÇÃO DE UM HOMEM

Agora que está aí fora, Deus sabe onde,
Você é um dos feridos ambulantes.

Jan Krist

Devolver a um homem seu coração é a missão mais difícil na terra.

Fala do filme *Michael: Anjo e sedutor**

Nada de valor vem sem algum tipo de luta.

Bruce Cockburn

---

*Fonte: https://www.springfieldspringfield.co.uk/movie_script.php?movie=michael

Há alguns anos, Blaine, meu filho do meio, fez a grande transição para a primeira série. Este é um enorme passo para qualquer criança: deixar o conforto e a segurança ao lado da mãe, passar o dia todo na escola, ficar entre as "crianças grandes". Mas Blaine é um menino muito extrovertido e cativante, um líder nato, e sabíamos que ele ia tirar de letra. Todas as noites, à mesa do jantar, ele nos deleitava com a narrativa das aventuras do dia.

Era divertido recordar com ele as alegrias dos primeiros dias de escola: lancheira estalando de nova, lápis amarelos nº 2 novinhos em folha, caixa de giz de cera com *apontador embutido*, carteira nova e amigos novos. Nós ouvimos tudo sobre sua nova professora, a aula de ginástica, do que eles brincavam no recreio, como ele estava emergindo como líder em todos os jogos. Mas, então, uma noite, ele ficou em silêncio.

— O que foi, Tigrão? — perguntei. Ele não respondeu, nem levantou os olhos.

—O que aconteceu? — Ele não queria falar sobre isso. Finalmente, a história veio:

— Um valentão.

Algum posudo da primeira série o empurrou no parquinho, na frente de todos os seus amigos. Lágrimas escorriam pelo seu rosto enquanto nos contava a história.

— Blaine, olhe para mim. — Ele ergueu lentamente os olhos lacrimosos, com relutância. Havia vergonha por todo seu rosto.

— Quero que você escute bem, com atenção, o que vou te dizer. Na próxima vez que esse valentão te empurrar, olhe o que eu quero que você faça, — você está ouvindo, Blaine? (Ele acenou com a cabeça, seus grandes olhos molhados fixos nos meus.) Eu quero que você se levante... e quero que você bata nele... o mais forte que puder.

Um olhar de deleite envergonhado surgiu no rosto de Blaine. Então ele sorriu.

Céus! Por que eu lhe dei tal conselho? E por que ele se deleitou com aquilo? Por que alguns de *vocês* se deleitaram com isso, enquanto outros ficaram chocados?

Sim, eu sei que Jesus nos disse para dar a outra face. Mas nós realmente fazemos mau uso desse versículo. Se você tomar uma passagem da Escritura e a mantiver consigo enquanto ignora todas as outras, você chegará a conclusões absurdas. Paulo disse: "É bom que o homem não toque em mulher" (1Coríntios 7:1). Pois bem, nenhum homem deveria se casar. Jesus disse: "Se você quer ser perfeito, vá, venda os seus bens e dê o dinheiro aos pobres" (Mateus 19:21). Então, por que você ainda tem posses? Você vê a tolice disso?

Se Jesus pretendia nos ensinar: "Nunca resista a um valentão", por que ele também disse a seus discípulos: "Mas agora, se vocês têm bolsa, levem-na, e também o saco de viagem; e se não têm espada, vendam a sua capa e comprem uma" – Comprar uma espada? – "Os discípulos disseram: 'Vê, Senhor, aqui estão duas espadas.' 'É o suficiente!', respondeu ele" (Lucas 22:36). Ele os armou. E aquele negocinho de fazer um chicote e usá-lo para limpar o templo — ora, isso não parece dar a outra face, não é?

Nós não queremos ensinar aos meninos que os valentões nunca devem ser confrontados, e não queremos ensinar aos valentões que eles podem se safar! Sim, a Escritura ensina o uso sábio da força e o poder do perdão. Mas você não pode ensinar um menino a usar sua força, *despojando-o dela*. Jesus era capaz de retaliar, acredite em mim. Mas ele escolheu não o fazer. E, contudo, sugerimos que um menino que é ridicularizado, envergonhado diante de seus companheiros, despojado de todo poder e dignidade deve permanecer naquela posição de derrota porque Jesus o quer ali? Você vai acabar com a masculinidade dele para sempre. Desse ponto em diante, ele sempre será passivo e medroso. Ele crescerá sem nunca saber como se posicionar, sem nunca saber se é, de fato, um homem. Ah sim, ele será cortês, até doce, respeitoso e terá bons modos. Pode parecer moral, pode parecer dar a outra face, mas é meramente *fraqueza*. É preciso ter cara para conseguir dar a outra face. Nossas igrejas estão cheias de homens sem isso, sem coragem.

Naquele momento, a alma de Blaine estava por um fio. Então, o fogo voltou aos seus olhos e a vergonha desapareceu. Agora, eu dei esse conselho a um garoto em quem podia confiar, que, na época, estava na primeira série. Eu não dei esse conselho a um garoto do ensino médio, cujo inimigo poderia sacar uma arma contra ele. Existe sabedoria e contexto. Mas não devemos despojar um homem da força e chamar isso de santificação. No entanto, a alma de muitos homens ainda está por um fio, porque *ninguém* jamais os convidou a serem perigosos, a conhecerem a própria força, a descobrirem que eles têm o que é preciso. "Eu sinto que há esse oceano tempestuoso dentro de mim, e eu continuo tentando fazer essas águas ficarem calmas e plácidas", confessou um jovem amigo, de vinte e poucos anos. "Eu adoraria ser perigoso", disse ele, suspirando. "Quer dizer... é possível? Eu sinto que tenho de pedir permissão." Por que um jovem teria que pedir permissão para ser um homem? Porque o ataque continua muito depois da ferida ter ocorrido. Não pretendo criar uma impressão errada: um homem não é ferido uma vez, mas muitas e muitas vezes no decurso da vida. Praticamente todo o golpe acaba sendo no mesmo lugar: contra a força dele. A vida vai levando embora uma vértebra por vez, até no final ele não ter mais espinha.

ACABANDO COM ELE

Eu li um caso, há alguns anos, sobre um bebê que sofreu um golpe terrível durante uma cirurgia: seu pênis foi "acidentalmente removido"[*]. O evento ocorreu nos anos 1970, e uma decisão foi tomada, refletindo a crença generalizada de que "papéis sexuais" não são verdadeiramente parte da nossa composição, mas são apenas moldados pela cultura e, portanto, intercambiáveis. A genitália dele foi reconstruída na forma feminina, e ele foi criado como uma menina. Essa história é uma parábola dos nossos tempos. É exatamente o que tentamos fazer com os garotos, começando desde que são bem jovens. Como Christina Hoff Sommers diz em seu livro *The War Against Boys* [A guerra contra os meninos], "é uma época ruim para ser um menino na América." Nossa cultura voltou-se contra a essência masculina, objetivando amputá-la sem demora. Como exemplo disso, ela aponta para o modo como os tiroteios na escola Columbine de

---

[*] Trata-se do canadense David Reimer (1965-2004). [N. do T.]

ensino médio, em Littleton, Colorado, estão sendo usados contra os garotos em geral.

A maioria de vocês se lembrará da trágica história de abril de 1999. Dois garotos entraram na biblioteca da escola e começaram a atirar; quando tudo acabou, treze vítimas e seus dois agressores estavam mortos. Sommers ficou alarmada, e eu também, com as declarações de William Pollack, diretor do Centro para Homens do Hospital McLean. Eis o que ele disse: "Os garotos de Littleton são a ponta do iceberg. E o iceberg é *todo* composto por garotos."

A ideia, aceita de maneira ampla em nossa cultura, é que a natureza agressiva dos garotos é inerentemente ruim, e que nós temos de transformá-los em algo mais parecido com garotas. A ferramenta primordial para essa operação é nosso sistema escolar público. O professor escolar comum enfrenta um desafio incrível: trazer ordem a uma sala com meninos e meninas e promover o aprendizado. O principal obstáculo a esse nobre objetivo é fazer com que os meninos fiquem parados, calados e prestem atenção... durante um dia inteiro. Ele pode tentar deter a maré. Não foi assim que um menino foi projetado, e não é assim que um menino aprende. Em vez de mudar a forma como fazemos a educação masculina, tentamos mudar os homens.

Como Lionel Tiger relata em seu livro *The Decline of Males* [O declínio dos homens], os meninos estão três a quatro vezes mais propensos a ser diagnosticados como tendo transtorno de déficit de atenção (TDA) do que as meninas. Mas talvez eles não estejam doentes; talvez, como diz Tiger:

> Isso pode significar simplesmente que eles gostam de movimentos musculares amplos e ações assertivas [...]
> Os meninos, como um grupo, parecem preferir ativi-

dades relativamente barulhentas e movimentadas ao comportamento sedado e fisicamente restritivo, que os sistemas escolares recompensam e aos quais as meninas parecem estar mais inclinadas.

Eu que o diga. Esse cara deveria vir à nossa casa para o jantar. Com três garotos à mesa (e um homem com coração de menino), às vezes as coisas ficam bem selvagens. As cadeiras, na maioria das vezes, são opcionais. Os meninos as usam mais como equipamentos de ginástica do que de contenção. Numa noite dessas, eu vi Blaine se equilibrando com a barriga na cadeira, como um acrobata. Naquele mesmo instante, Luke, nosso filho mais novo, estava fora de vista. Ou melhor, no lugar da mesa onde a cabeça dele deveria estar, só conseguíamos ver um par de meias, apontando para cima. Minha esposa revira os olhos. Mas nossos sistemas escolares não. Tiger diz:

> Pelo menos três a quatro vezes mais meninos do que meninas são essencialmente definidos como doentes, porque seus padrões preferidos de brincadeira não se encaixam bem na estrutura da escola. Profissionais bem-intencionados da área psicológica prescrevem medicamentos tranquilizantes para o TDA, como a Ritalina... A situação é escandalosa. O uso tão desproporcional de drogas entre os meninos denuncia o fracasso das autoridades escolares em entender as diferenças entre os sexos... A única doença desses meninos é ser do sexo masculino.

Mas não é somente nas escolas. Muitas delas, a propósito,

estão fazendo um trabalho heroico. E quanto às nossas igrejas? Um jovem recentemente veio a mim muito irritado e perturbado. Ele estava frustrado pelo modo como o pai, um líder da igreja, o treinava nos esportes. O garoto é um jogador de basquete e sua equipe chegou à final na cidade. Na noite do grande jogo, quando ele estava saindo pela porta, o pai literalmente o parou e disse: "Agora, não vá lá para arrasar com eles – isso não é uma coisa boa de se fazer." Não estou inventando isso. Que coisa ridícula para dizer a um atleta de dezessete anos. "Vá lá e dê a eles... bem, não dê nada. Apenas seja legal. Seja o cara mais bonzinho que a equipe adversária já conheceu." Em outras palavras, seja *mole*. Esse é um exemplo perfeito do que a igreja diz aos homens. Li em algum lugar que a igreja pode ter um exterior masculino, mas sua alma se tornou feminina.

Emasculação acontece no casamento também. As mulheres são frequentemente atraídas pelo lado mais selvagem de um homem, mas, uma vez que o fisgam, elas se empenham à tarefa de "domesticá-lo". Ironicamente, se o homem ceder, ele se ressentirá por isso, e ela, por sua vez, se perguntará aonde foi a paixão. A maioria dos casamentos acaba assim. Uma mulher cansada e solitária me perguntou outro dia:

— Como faço para meu marido ganhar vida?

— Convide-o a ser perigoso — disse eu.

— Você quer dizer que eu deveria deixá-lo pegar a moto, né?

— Aham...

Ela recuou, com desapontamento no rosto.

— Sei que você está certo, mas eu odeio a ideia. Eu o privo disso há tantos anos.

Pense de novo naquele grande leão naquela pequena gaiola. Por que colocaríamos um homem em uma jaula? Pela mesma razão que colocamos um leão. Pela mesma razão que colocamos Deus: ele é perigoso. Parafraseando Sayers, nós também aparamos as garras do Leão *filhote* de Judá. Um homem é uma coisa perigosa. As mulheres não iniciam guerras. Os crimes violentos não são em grande parte cometidos por mulheres. Nossas prisões não estão lotadas de mulheres. O ocorrido em Columbine não foi trabalho de duas jovens meninas. Obviamente, algo deu errado na alma masculina, e a maneira como decidimos lidar com isso é afastar essa natureza perigosa... inteiramente.

Nossa sociedade produz muitos meninos, mas pouquíssimos homens. Há duas razões simples: não sabemos como fazer a iniciação dos meninos ao mundo dos homens e *não temos certeza se realmente queremos isso*. Queremos socializá-los, com certeza, mas *longe* de tudo que seja feroz, selvagem e apaixonado. Em outras palavras, longe da masculinidade e em direção a algo mais feminino. Mas, como diz Sommers, esquecemos uma verdade simples: "A energia, a competitividade e o desafio corporal de homens normais e decentes são responsáveis por grande parte do que está certo no mundo." Sommers lembra-nos que, durante o massacre de Columbine, "Seth Houy jogou o corpo sobre uma garota aterrorizada para protegê-la das balas; Daniel Rohrbough, de quinze anos, pagou com a vida quando, em risco mortal, manteve uma porta aberta para que outros pudessem escapar."

Essa força tão essencial para os homens é também o que os torna *heróis*. Se um bairro é seguro, é por causa da força de homens. A escravidão foi detida pela força de homens, a um preço terrível para eles e suas famílias. Os nazistas foram parados por homens. O *Apartheid* não foi derrotado por mulheres. Quem deu seu lugar nos botes salva-vidas que deixavam o Titanic para que mulheres e crianças fossem salvas? E, caso tenhamos nos esquecido, foi um

Homem que se deixou pregar na cruz do Calvário. Isso tudo não é para dizer que as mulheres não podem ser heroicas. Eu conheço muitas mulheres heroicas. É simplesmente para nos lembrar que Deus fez os homens do jeito que são porque *precisamos* desesperadamente que sejam do jeito que são. Sim, um homem é algo perigoso. Assim como um bisturi que pode ferir ou pode salvar uma vida, você não faz dele algo seguro tornando-o embotado; você o coloca nas mãos de alguém que sabe o que está fazendo.

Se você já passou algum tempo com cavalos, sabe que um garanhão pode ser um grande problema. Eles são fortes, muito fortes, e têm ideias próprias. Garanhões costumam não gostar de arreio e podem chegar a ser completamente agressivos, em especial se houver égua por perto. Um garanhão é difícil de domar. Se você quer um animal mais seguro, mais quieto, há uma solução fácil: castre-o. Um castrado é muito mais submisso. Você consegue conduzi-lo pelo nariz, ele fará o que lhe for dito sem criar confusão. Só há um problema: os castrados não geram vida. Eles não podem fazer o que só um garanhão pode. Um garanhão é perigoso, sim, mas se você quer a vida que ele oferece, também tem de enfrentar o perigo. Os dois andam juntos.

O QUE REALMENTE ESTÁ ACONTECENDO AQUI, AFINAL?

Digamos que seja seis de junho de 1944, por volta das 7h10. Você é um soldado no 3º batalhão, indo em direção à praia de Omaha. Milhares de homens foram antes de você e agora é a sua vez. Conforme salta do barco Higgins e avança para a praia, você vê corpos de soldados abatidos por toda parte: boiando na água, sendo jogados pelas ondas, estirados na praia. Subindo na areia, você encontra centenas de homens feridos. Alguns estão mancando em direção às falésias com você, procurando abrigo. Outros mal engatinham. Atiradores nos penhascos acima continuam a abatê-los. Para onde quer que olhe, você vê dor e ruína. O dano é quase esmagador. Quando alcança a lateral do penhasco, o único ponto seguro, você encontra esquadrões de homens sem líder. Eles estão em estado de choque, atordoados e apavorados. Muitos perderam as armas; a maioria recusa-se a se mover. Eles estão paralisados de medo. Levando tudo isso em consideração, o que você concluiria? Qual seria sua avaliação da situação? O que quer que lhe passe pela cabeça, você teria de admitir: *Esta é uma guerra brutal*, e ninguém discordaria ou acharia estranho você dizer isso.

Mas nós não pensamos tão claramente sobre a vida, e eu não tenho certeza do porquê. Dê uma olhada ao seu redor: o que você observa? O que você vê na vida dos homens com quem trabalha, vive, e que frequentam a igreja? Eles estão cheios de liberdade apaixonada? Eles lutam bem? As esposas estão profundamente gratas por quão bem o esposo as ama? Os filhos estão radiantes de afirmação? A ideia é quase hilária, se não fosse tão trágica. Homens têm se retirado para a direita e para a esquerda. Espalhada pelo bairro encontra-se a vida despedaçada de homens (e mulheres) que morreram na alma devido às feridas que sofreram. Você já ouviu a expressão "aquele homem só tem casca"? Homens assim perderam o coração. Muitos ainda estão vivos, mas gravemente feridos. Eles tentam seguir em frente rastejando, mas passam por maus bocados tentando refazer a vida; eles parecem continuar recebendo golpes. Você conhece outros que já estão cativos, definhando em prisões de desespero, vício, ócio ou tédio. O lugar parece um campo de batalha, a praia de Omaha da alma.

E é precisamente isso que é. Estamos agora nos últimos estágios da longa e cruel guerra contra o coração humano. Eu sei, soa excessivamente dramático. Eu quase não usei o termo "guerra" por medo de ser desprezado neste momento como mais um no grupo dos paranoicos, cristãos que correm por aí tentando deixar todos em polvorosa com algum medo imaginário, a fim de promoverem sua causa política ou econômica ou teológica. Mas não estou propagandeando medo de forma alguma; estou falando honestamente sobre a natureza do que se desdobra ao nosso redor... *contra nós*. E, até que chamemos a situação pelo que ela é, não saberemos o que fazer a respeito. De fato, é aqui que muitos se sentem abandonados ou traídos por Deus. Eles achavam que se tornar um cristão, de alguma forma, acabaria com seus problemas, ou pelo menos os reduziria consideravelmente. Ninguém nunca lhes contou que estavam sendo transferidos para as linhas de frente, e eles parecem genuinamente chocados com o fato de terem sido baleados.

Depois que os Aliados tomaram a praia na Normandia, a guerra não acabou. De certa forma, acabara de começar. Stephen Ambrose nos deu muitas histórias inesquecíveis do que se seguiu ao famoso pouso, em *Soldados Cidadãos*, seu registro de como os Aliados venceram a guerra. Muitas dessas histórias são quase parábolas em seu significado. Aqui está uma que se deu logo depois do Dia D. É sete de junho de 1944:

> O general da brigada, Norman "Dutch" Cota, comandante da divisão assistente da 29ª, foi até um grupo de infantaria encurralado por uns alemães em uma casa de fazenda. Ele perguntou ao capitão em comando por que seus homens não estavam fazendo nenhuma tentativa de tomar a construção.
>
> — Senhor, os alemães estão lá dentro, atirando em

nós — respondeu o capitão.

— Bem, vou te falar uma coisa, capitão — disse Cota, desprendendo duas granadas de sua jaqueta. — Você e seus homens comecem a atirar neles. Vou levar um esquadrão e você e seus homens observem atentamente. Vou mostrar a vocês como tomar uma casa com alemães dentro.

Cota conduziu seu esquadrão em torno de uma cerca viva para chegar o mais perto possível da casa. De repente, ele deu um grito e correu à frente, o esquadrão o seguiu, gritando como homens selvagens. Enquanto lançavam granadas pelas janelas, Cota e outro homem chutaram a porta da frente, jogaram algumas granadas dentro, esperaram pelas explosões e depois se arremeteram casa adentro. Os alemães sobreviventes ali desembestaram pela porta dos fundos, correndo para salvar a própria vida. Cota retornou ao capitão.

— Vocês viram como tomar uma casa — disse o general, ainda sem fôlego. — Entenderam? Sabem como fazer agora?

— Sim, senhor.*

O que podemos aprender com a parábola? Por que aqueles caras estavam encurralados? Primeiro, eles pareciam quase surpresos por estarem levando tiro. "Eles estão atirando em nós, senhor." Oi? É isso que acontece na guerra: atiram em você. Vocês se esqueceram? Nós nascemos em um mundo em guerra. Essa cena em que vivemos não é um seriado de comédia; é uma batalha san-

---

* AMBROSE, Stephen E. *Soldados cidadãos*. Rio de Janeiro: Betrand Brasil, 2010. [N. do T.]

grenta. Você não notou a precisão mortal com a qual a ferida foi dada? Aqueles golpes que você levou não são acidentes aleatórios de modo nenhum. Eles acertam bem no alvo. Charles foi feito para ser um pianista, mas nunca mais relou no piano de novo. Eu tenho um dom e um chamado para falar ao coração de homens e mulheres. Mas minha ferida me tentou a ser um solitário, a viver longe do meu coração e dos outros. O chamado de Craig é pregar o evangelho, como seu pai e seu bisavô. A ferida dele foi uma tentativa de tirar isso. Ele é uma gaivota, lembra? Tudo o que ele sabe fazer é "grasnar". Eu deixei de mencionar Reggie antes. O pai o feriu quando ele tentava se destacar na escola dizendo: "Você é tão estúpido; nunca chegará à faculdade." Ele queria ser médico, mas nunca seguiu seu sonho.

E isso se repete continuamente. A ferida é muito bem direcionada e consistente demais para ser acidental. É uma tentativa de abatê-lo, de aleijá-lo ou destruir sua força e tirar você da ação. As feridas que sofremos foram preparadas contra nós com uma precisão espantosa. Espero que você esteja sacando a figura. Você sabe por que tem havido tal ataque? O Inimigo teme você. Você é um grande perigo. Se, em algum momento, você realmente tomar seu coração de volta, e viver com coragem, será um grande problema para ele. Você causará muito estrago... em prol do lado bom. Você se recorda do quão valente e efetivo Deus tem sido na história do mundo? Você é uma ramificação dessa linhagem vitoriosa.

Deixe-me voltar à segunda lição da parábola do Dia D e o dia conseguinte. A outra razão pela qual aqueles homens estavam estaqueados ali, encurralados, incapazes de moverem-se é porque ninguém jamais havia lhes mostrado como tomar uma casa antes. Eles foram treinados, mas não para isso. A maioria dos homens nunca foi iniciada na masculinidade. Eles nunca tiveram alguém que lhes mostrasse como fazer a coisa e, principalmente, como lutar pelo próprio coração. O fracasso de tantos pais, a cultura emasculadora e a igreja passiva deixaram os homens sem direção. É por isso que escrevo este livro. Estou aqui para lhe dizer que você *pode* ter seu coração de volta. Mas eu preciso alertá-lo: se quiser seu coração de volta, se quiser que a ferida seja curada e sua força restaurada, e se quiser encontrar seu verdadeiro nome, você terá de lutar por isso. Observe sua reação às minhas palavras. Não há algo em você que se agita um pouco, um forte anseio de viver? E não há outra voz que se apressa, instigando cautela, talvez querendo descartar o que eu disse completamente? "Ele está sendo melodramático. Que arrogância." Ou: "Talvez alguns caras consigam, mas não eu." Ou: "Não sei... isso vale mesmo a pena?" Isso faz parte da batalha, bem aí. Percebe? Eu não estou inventando isso.

NOSSA BUSCA POR UMA RESPOSTA

Antes de tudo, ainda precisamos saber o que nunca ouvimos, ou que ouvimos tão mal, de nosso pai. Nós *precisamos saber* quem somos e se temos o que é preciso. O que fazemos agora com essa pergunta suprema? Aonde vamos para encontrar uma resposta? A fim de ajudá-lo a encontrar a resposta para A Pergunta, permita-me fazer-lhe outra: O que você *fez* com sua pergunta? Aonde você a levou? Veja só, a pergunta central de um homem não vai embora. Ele pode tentar, durante anos, tirá-la da consciência e simplesmente "tocar em frente com a vida". Mas ela não vai embora. É uma fome tão essencial à nossa alma que nos compelirá a encontrar uma solução. Na verdade, ela impulsiona tudo o que fazemos.

Eu passei alguns dias, neste outono, com um homem muito

bem-sucedido, que chamarei de Peter. Ele estava me hospedando para uma conferência na Costa Leste, e, quando me pegou no aeroporto, Peter estava dirigindo um Land Rover novo, com todos os acessórios e adereços. *Belo carro*, pensei. *Esse cara está se saindo bem.* No dia seguinte, dirigimos por lá em sua BMW 850CSi. Peter morava na maior casa da cidade e tinha uma casa de férias em Portugal. Nada daquela riqueza fora herdada, ele trabalhou para ter cada centavo. Ele amava corridas de Fórmula 1 e pescar salmão com mosca na Nova Escócia. Eu realmente gostei dele. *Agora sim, eis aí um homem*, eu disse comigo mesmo. E, contudo, ainda havia algo faltando. Você imaginaria que um cara daqueles seria confiante, seguro de si, centrado. E, claro, ele pareceu assim a princípio. Mas, ao passarmos tempo juntos, descobri que ele era... hesitante. Ele tinha toda a aparência de masculinidade, mas aquilo não parecia vir de um âmago verdadeiro.

Depois de várias horas de conversa, ele admitiu que estava tendo uma revelação. "Eu perdi meu pai no início deste ano, para o câncer. Mas eu não chorei quando ele morreu. Sabe, nós nunca fomos realmente próximos." Ah, sim, eu sabia o que viria a seguir. "Todos esses anos, me exaurindo para ter sucesso... Eu nem estava me divertindo. Para que aquilo? Eu vejo agora... eu estava tentando ganhar a aprovação do meu pai." Um longo e triste silêncio. Então, Peter disse em voz baixa, por entre as lágrimas: "Nunca funcionou." Claro que não; isso nunca funciona. Não importa o quanto você faça, não importa o quão longe você vá na vida, isso nunca irá curar sua ferida ou lhe dizer quem você é. Mas, ah! Tantos homens acreditam neste caminho.

Depois de anos tentando ter sucesso aos olhos do mundo, um amigo ainda se agarra obstinadamente a essa ideia. Sentado em meu consultório, sangrando por todas as feridas, ele me diz: "Quem é o garanhão de verdade? O cara fazendo dinheiro."

Entende-se que ele não esteja fazendo muito, então ele ainda pode perseguir a ilusão.

Os homens levam a busca por validação da própria alma em todas as direções. Brad é um bom homem que há tantos anos vem buscando um senso de significado por meio do pertencimento. Ele disse: "A partir das minhas feridas eu descobri como ter vida: vou encontrar um grupo ao qual pertencer, fazer algo incrível que os outros vão querer e eu então serei alguém." Primeiro foi a turma certa de crianças na escola; depois foi a equipe de luta livre; anos mais tarde, foi a equipe certa de ministério. Era uma busca desesperada, como ele próprio admitiu. E não correu bem. Quando as coisas não deram certo, no início do ano, no ministério em que ele estava servindo, ele sabia que tinha de deixá-lo. "Meu coração explodiu e todas as feridas e flechadas sangraram. Eu nunca havia sentido tanta dor. As condenações gritavam para mim: 'Eu não pertenço. Ninguém me quer. Eu estou sozinho.'"

Aonde um homem vai para obter um senso de validação? De quem ele o recebe? Será que é de quem ele consegue atenção? Do quão atraente é sua esposa? De onde ele vai jantar? Do quão bom é nos esportes? O mundo aplaude a busca inútil para conquistar um milhão, concorrer à presidência, conseguir uma promoção, acertar um *home run*... ser alguém. Consegue perceber a zombaria disso tudo? Os feridos rastejam até a praia enquanto os atiradores disparam. Mas o lugar mais mortífero no qual um homem pode fazer sua busca, o lugar no qual todo homem parece acabar, não importa qual trilha tenha tomado, é a mulher.

LEVANDO A QUESTÃO PARA EVA

Você se lembra da história do meu primeiro beijo, aquela belezura pela qual me apaixonei na sétima série e como ela fez minha bicicleta voar? Eu me apaixonei por Debbie no mesmo ano em que meu pai saiu da minha história, no ano em que recebi minha ferida mais profunda. O *timing* não foi coincidência. No desenvolvimento de um menininho, chega um momento crucial em que o pai deve intervir. Chega cedo na adolescência, em algum momento entre os onze e quinze anos, dependendo do garoto. Se essa intervenção não acontecer, o menino estará fadado ao desastre; a próxima janela que se abre em sua alma é a sexualidade. Debbie me fez sentir valendo um milhão de dólares. Eu não tinha palavras para isso na época, não fazia ideia do que realmente estava acontecendo. Mas, no meu coração, eu sentia que havia encontrado a resposta para minha pergunta. "Uma garota bonita acha que eu sou o máximo. O que mais um cara pode querer? Se eu encontrei Julieta, então devo ser Romeu."

Quando ela terminou comigo, começou o que é uma longa e triste história de procurar "a mulher que vai me fazer sentir como homem." Eu fui de namorada em namorada tentando obter uma resposta. Ser o herói para a bela: esse era meu anseio, minha imagem do que significa realmente, finalmente, ser um homem. Bly chama isso de a busca pela Mulher do Cabelo Dourado.

> Ele vê uma mulher do outro lado da sala, sabe imediatamente que é "Ela." Ele termina o relacionamento que tem, vai à busca dela, sente excitação selvagem, paixão, coração pulsando, obsessão. Após alguns meses, tudo entra em colapso; ela se torna uma mulher comum. Ele fica confuso e perplexo. Então vê, uma vez mais, um rosto radiante do outro lado da sala, e a velha certeza vem novamente.*

---

*BLY. Op. cit.

Por que a pornografia é a coisa mais viciante do universo para os homens? Certamente, há o fato de que o homem é visualmente excitado, de que fotos e imagens provocam os homens muito mais do que provocam as mulheres. Mas a razão mais profunda é que aquela beleza sedutora alcança lá dentro e toca-lhe a fome desesperada por validação como homem, que nem se sabia ter, toca como nenhuma outra coisa que a maioria dos homens já experimentou. Você precisa entender: isso é mais profundo do que pernas e seios e sexo bom. É mitológico. Olhe as distâncias que os homens percorrem para encontrar a "Mulher do Cabelo Dourado." Eles duelam pela bela; eles enfrentam guerras. Veja, todo homem se lembra de Eva. Nós somos assombrados por ela. E, de alguma forma, acreditamos que se pudéssemos encontrá-la, recuperá-la, então também recuperaríamos com ela nossa masculinidade perdida.

Você deve se recordar do pequeno Philip, do filme *Um mundo perfeito*. Lembra qual era o medo dele? Que seu pênis fosse pequeno. É assim que muitos homens articulam um senso de emasculação. Mais tarde na vida, o pior medo de um homem é frequentemente a impotência. Se ele não consegue ter uma ereção, então não tem o que é preciso. Mas o oposto também opera. Se um homem consegue sentir uma ereção, bem, ele se sente poderoso. Ele se sente forte. Estou lhe dizendo, para muitos homens, "A Pergunta" parece conectada ao pênis. Se ele consegue se sentir como o herói sexualmente, bem, senhor, então ele é o herói. A pornografia é tão sedutora porque, o que um homem ferido e faminto deveria pensar quando há literalmente centenas de belas dispostas a se entregarem a ele? (Claro, não é só para ele, mas, quando ele está sozinho com as fotos, parece que é só para ele.)

É inacreditável! Quantos filmes estão centrados nessa mentira? Pegue a beldade, conquiste-a, deite-se com ela e você é o homem. Você é James Bond. Você é um garanhão. Observe atentamente a letra da música de Bruce Springsteen, *Secret Garden* [Jardim secreto] (de sua gravação de *Maiores sucessos*, em 1995):

> Ela te deixará entrar em sua casa
> Se você chegar batendo tarde da noite.
> Ela te deixará entrar em sua boca
> Se as palavras que você disser estiverem certas.
> Se você pagar o preço,
> Ela te deixará entrar profundo.
> Mas ali há um jardim secreto que ela esconde.
> Ela te levará por um caminho,
> Haverá ternura no ar,
> Ela deixará você ir apenas longe o bastante
> Para você saber que ela está realmente ali.
> Ela vai olhar para você e sorrir
> E os olhos dela dirão:
> Ela tem um jardim secreto
> Onde tudo que você quer,
> Onde tudo de que você precisa
> Sempre estará
> A milhões de milhas de distância.

É uma mentira profunda casada com uma verdade profunda. Eva é um jardim de deleite (Cântico dos Cânticos 4:16). Mas ela não é tudo o que você quer, tudo de que você precisa — nem de perto. Claro que estará a um milhão de milhas de distância. Você não consegue chegar lá porque não está lá. *Não está lá.*

A resposta à sua pergunta nunca poderá ser encontrada lá. Não me entenda mal. Uma mulher é uma coisa cativante. Mais cativante do que qualquer outra coisa em toda a criação. "O corpo nu da mulher é uma porção da eternidade grande demais para os olhos do homem." A feminilidade pode *despertar* a masculinidade. Ah, meu rapaz! Minha esposa me mostra um pouco do seio, da coxa e eu estou pronto para a ação. Sistema todo alerta. Ela me diz em uma voz suave que eu sou homem e eu salto de prédios altos por ela. Mas a feminilidade jamais pode *outorgar* a masculinidade. É como pedir a uma pérola que lhe dê um búfalo. É como pedir a um campo de flores silvestres que lhe dê um Chevy 57. São substâncias completamente diferentes.

Quando um homem leva sua pergunta à mulher, o que acontece é vício ou emasculação. Geralmente ambos.

Dave, cujo pai abriu-lhe um buraco no peito quando o chamou de "filhinho da mamãe", levou sua pergunta para as mulheres. Recentemente, ele me confessou que as mulheres mais jovens são sua obsessão. Dá para ver o porquê: elas são uma ameaça menor. Uma mulher mais nova não é metade do desafio. Ele pode se sentir mais como um homem ali. Dave fica envergonhado por sua obsessão, mas isso não o para. Uma mulher mais jovem parece a resposta para sua pergunta, *e ele precisa ter uma resposta*. Mas ele sabe que sua busca é impossível. Ele admitiu para mim outro dia: "Mesmo que eu me case com uma mulher bonita, eu sempre vou saber que há uma mulher ainda mais bonita por aí em algum lugar. Aí eu vou me perguntar: Eu conseguiria ter ganhado essa?"

É uma mentira. Quantas vezes já vi isso. O irmão de um amigo chegou ao fundo do poço uns anos atrás, quando a namorada terminou com ele. Ele era um cara realmente bem-sucedido, um atleta estrela do ensino médio que se tornou um jovem e promissor advogado. Mas ele carregava uma ferida de um pai alcoólatra e viciado em trabalho, que nunca lhe deu o que todo menino anseia. Como muitos de nós, ele levou seu coração e sua pergunta à mulher. Quando ela o largou, contou-me meu amigo, aquilo destroçou-o. "Ele começou uma queda de cabeça, passou a beber muito e a fumar. Ele até saiu do país. Sua vida foi despedaçada."

É por isso que tantos homens secretamente temem a própria esposa. Ela o vê como ninguém mais vê, dorme com ele, sabe do que ele é feito. Se ele deu a ela o poder de validá-lo como homem, ele também lhe deu o poder de *invalidá-lo*. Essa é a cilada mortal. Um pastor me contou que durante anos ele vinha tentando agradar a esposa, e ela continuava lhe dando um zero.

— E se ela não for o seu boletim escolar? — sugeri.

— Ela com certeza parece que é... e eu estou sendo reprovado.

Outro homem, Richard, tornou-se verbalmente abusivo em relação à esposa nos primeiros anos do casamento. A visão dele para sua vida era que ele deveria ser Romeu e, portanto, ela deveria ser Julieta. Quando ela revelou-se não ser a "Mulher do Cabelo Dourado", ele ficou furioso. Porque isso significava, você vê, que ele não era o homem heroico. Lembro-me de ver uma foto de Julia Roberts sem figurino e maquiagem: *Ah*, percebi, *ela é só uma mulher comum*.

"Ele vinha a mim buscando validação", contou-me uma jovem sobre o namorado. Ou ex-namorado. Ela foi atraída por ele a princípio, e certamente atraída pelo modo como ele estava atraído por ela. "Foi por isso que eu terminei com ele." Eu fiquei espantado com a percepção e coragem dela. É muito raro encontrar isso, especialmente em mulheres mais jovens. Que maravilhoso parece, a princípio, ser a obsessão dele. Ser considerada uma deusa é uma coisa muito inebriante. Mas, eventualmente, tudo se transforma de romance numa imensa pressão sobre ela. "Ele ficava dizendo: 'Eu não sei se tenho o que é preciso, e você está me dizendo que não tenho.' Ele vai me agradecer por isso algum dia."

Os homens que lutam contra a atração pelo mesmo sexo são, na verdade, mais claros neste ponto. Eles sabem que o que falta em seu coração é o amor *masculino*. O problema é que eles sexualizaram isso. Joseph Nicolosi diz que a homossexualidade é uma tentativa de reparar a ferida, preenchendo-a com masculinidade, seja o amor masculino que nunca receberam ou a força masculina que muitos homens sentem não possuir. Quando a busca entrelaça-se com questões sexuais, ela também se torna uma busca sem esperança e é por isso que o esmagador número de relacionamentos homossexuais não dura. Por que tantos gays vão de um homem para outro e por que tantos deles sofrem de depressão e uma série de outros vícios? O que eles precisam não pode ser encontrado ali; não traz a cura para a ferida.

Por que eu falei tudo isso sobre nossa busca por validação e a resposta à nossa pergunta? Porque não podemos ouvir a resposta real até percebermos que temos uma resposta falsa. Enquanto perseguirmos a ilusão, como poderemos ver a realidade? A fome está lá, ela vive em nossa alma como um anseio voraz, não importa com o que tentemos preenchê-la. Se você levar sua pergunta para Eva, isso vai partir seu coração. Eu sei disso agora, depois de muitos e muitos anos difíceis. Você não pode obter sua resposta ali. Na verdade, você não pode conseguir sua resposta em nenhuma das coisas que os homens perseguem para encontrar o senso de identidade. Existe apenas uma fonte para a resposta à sua pergunta. E, assim, não importa aonde você levou sua pergunta: você precisa recuperá-la. Você deve ir para longe. Esse é o começo de sua jornada.

CAPÍTULO 6
A VOZ DO PAI

Nenhum homem, por um período considerável de tempo, pode usar uma face para si mesmo e outra para a multidão sem, por fim, ficar desnorteado quanto a qual delas é a verdadeira.

NATHANIEL HAWTHORNE

Esse quam videri
Ser, em vez de parecer.
Quem pode dar isto a um homem: seu próprio nome?

GEORGE MACDONALD

Os verões na pradaria oriental de Oregon são quentes, secos e poeirentos. Quando o sol estava alto, a temperatura passava dos 32°C, assim, sempre que possível, poupávamos a maior parte do trabalho duro no rancho para a manhã ou o final da tarde e noite, quando o ar fresco subia do vale do rio abaixo. Às vezes, nós consertávamos valas de irrigação durante o calor do dia, o que, para mim, era uma ótima desculpa para me encharcar. Eu pisava na vala, deixando a água morna e barrenta encharcar meu jeans. Mas, na maioria das vezes, nós voltávamos à casa na fazenda para tomar um copo de chá gelado. Pop amava seu chá adoçado com uma boa dose de açúcar, do jeito que eles bebem no sul. Sentávamo-nos à mesa da cozinha e tomávamos um ou dois copos e conversávamos sobre os eventos da manhã, os planos dele de vender alguns gados no leilão ou qual era a ideia dele para aquela nossa tarde.

Um dia, no final do verão do meu 13º aniversário, Pop e eu tínhamos acabado de entrar para nosso ritual, quando ele se levantou e foi até a janela. A cozinha dava para o sul e tinha vista para um grande campo de alfafa e a pastagem. Como a maioria dos fazendeiros, Pop cultivava seu próprio feno para ter ração para o gado e os cavalos estocada durante o inverno. Juntei-me a ele, perto da janela, e vi que um novilho deixara o pasto e entrara na plantação de alfafa. Lembrei que meu avô me dissera que é perigoso o gado se encher de alfafa fresca; ela se expande no estômago como um pão fermentando e pode romper uma de suas quatro câmaras. Pop estava claramente irritado, como somente um caubói consegue ficar irritado com o gado. Eu, por outro lado, estava animado. Isso significava aventura.

"Vá pôr a sela no Tony e pegar aquele bezerro", disse ele, sentando-se na cadeira e chutando as botas para longe. Sua atitude deixava claro que ele não iria comigo; ele, na verdade, não iria a lugar algum. Enquanto ele se servia de outro copo de chá, minha mente corria pelas implicações do que ele dissera. Isso significava que eu, primeiro, tinha de pegar Tony, o maior cavalo do rancho. Eu tinha medo de Tony, mas nós dois sabíamos que ele era o melhor cavalo para trabalhar com o gado. Eu teria de selá-lo sozinho e sair para pegar aquele novilho. Sozinho. Tendo processado essa informação, eu percebi que estava ali parado há sabe-se lá quanto tempo e que estava na hora de ir andando. Ao sair pela varanda de trás, em direção ao curral, senti duas coisas e senti de modo intenso: medo... e honra.

A maioria de nossos momentos de mudança na vida é percebida como tal mais tarde. Eu não saberia lhe dizer por quê, mas eu soube que havia cruzado um limiar em minha vida como um jovem homem. Pop acreditava em mim e, sejá lá o que for que ele visse que eu não via, o fato de ele acreditar em mim me fez acreditar também. Eu peguei o novilho aquele dia... e muito mais.

DESESPERADO PARA SER INICIADO

Um homem precisa saber o próprio nome. Ele precisa saber que tem o que é preciso. E eu não quero dizer "saber" no sentido modernista e racionalista. Não quero dizer o pensamento passar pelo córtex cerebral e você lhe dar uma concordância intelectual, do modo como você sabe sobre a Batalha de Waterloo ou a camada de ozônio – o modo como a maioria dos homens "sabe" de Deus ou das verdades do cristianismo. Eu estou falando de um conhecimento profundo, o tipo de conhecimento que vem quando você já esteve lá, entrou em cena, experimentou em primeira mão de uma maneira inesquecível. O modo como, nas versões mais antigas da Bíblia, diz que Adão conheceu sua esposa (cf. ACF), e ela deu à luz uma criança. Adão não soube algo *sobre* Eva; ele a conheceu intimamente, por meio da experiência de carne e osso, em um nível muito profundo. Existe diferença entre saber, conhecer algo, e o conhecer *sobre* algo. Quando se trata de nossa pergunta, precisamos do último.

No filme *Gladiador*, ambientado no século 2 d.C., o herói é um guerreiro da Espanha, chamado Maximus. Ele é o comandante dos exércitos romanos, um general amado por seus homens e pelo idoso imperador Marcus Aurelius. Commodus, o asqueroso filho do imperador, fica sabendo do plano de seu pai para fazer de Maximus imperador em seu lugar. Mas, antes que consiga declarar seu sucessor, Marcus é estrangulado pelo filho. Commodus sentencia Maximus à execução imediata, e a esposa e o filho dele, à crucificação e incineração. Maximus escapa, mas tarde demais para salvar a família. Capturado por comerciantes de escravos, ele é vendido como gladiador. Esse destino era, normalmente, uma sentença de morte, mas este é Maximus; um valente lutador. Ele mais do que sobrevive, ele se torna um campeão. Por fim, é levado para Roma, para se apresentar no Coliseu diante do imperador Commodus (que, lógico, acredita que Maximus está morto há muito tempo). Depois de uma notável exibição de coragem e uma impressionante e inesperada vitória, o imperador desce à arena para se encontrar com o valente gladiador, cuja identidade permanece escondida atrás de seu capacete.

Commodus diz:
— Sua fama é bem merecida, espanhol. Acredito que jamais houve gladiador que se comparasse a você... Por que o herói não se revela e nos diz seu nome verdadeiro?
— Maximus fica em silêncio. — Você tem nome, não?
— Meu nome é Gladiador. — Ele se vira e sai andando.
— Como ousa me dar as costas?! Escravo! Você vai remover seu elmo e me dizer seu nome.

Maximus lentamente, bem devagar, tira o elmo e se vira para encarar seu inimigo.

— Meu nome é Maximus Decimus Meridius; Comandante dos Exércitos do Norte; General das Legiões de Félix; servo leal do verdadeiro imperador, Marcus Aurelius; pai de um filho assassinado; marido de uma esposa assassinada; e eu terei minha vingança, nesta vida ou na próxima.

A resposta dele vai se erguendo como uma onda poderosa, avolumando-se em tamanho e força antes de atingir a costa. Esse homem sabe quem é e do que é feito. Onde um homem vai para aprender uma resposta como essa, para aprender seu verdadeiro nome, um nome que nunca lhe possa ser tirado? Esse conhecimento profundo do coração vem somente por meio de um processo de iniciação. Você tem de saber de onde veio; tem de enfrentar uma série de provas que lhe teseam; você tem de trilhar uma jornada; e tem de encarar seu inimigo. Mas, como um jovem lamentou recentemente para mim: "Sou cristão desde os cinco anos, ninguém nunca me mostrou o que significa de fato ser homem." Ele está perdido agora. Mudou-se para o outro lado do país para ficar com a namorada, mas ela terminou o relacionamento porque ele não sabe quem é e para que está aqui. Há inúmeros outros como ele, um mundo de tais homens: um mundo de homens não iniciados.

A igreja gosta de pensar que está iniciando homens, mas não está. Para o que a igreja leva um homem? O que ela o chama para ser? Moral. Isso é lamentavelmente insuficiente. A moralidade é uma coisa boa, mas a moralidade nunca é o ponto. Paulo diz que a Lei é dada como um tutor para a criança, mas não para o filho. O filho é convidado para algo muito maior. Ele pega as chaves do carro; ele sai com o pai em alguma missão perigosa. Eu fico impressionado com a pungência da cena no final da Guerra Civil Americana, logo após a Batalha de Appomattox, quando o general Robert E. Lee rende-se ao general Ulysses S. Grant. Durante cinco anos, Lee liderou o Exército da Virgínia do Norte passando por algumas das provas mais terríveis que o homem já conheceu. É de imaginar que ele e os seus estariam contentes por tudo aquilo haver acabado. Mas os homens de Lee agarram as rédeas do cavalo dele e imploram para que não se vá, suplicam por mais uma chance para "açoitar aqueles ianques". Lee havia se tornado o pai deles, ele lhes dera algo que a maioria daqueles homens nunca teve: uma identidade e um lugar em uma história maior.

Todo homem precisa de alguém como Robert E. Lee, ou daquele general da brigada da 29ª divisão: — Vocês já viram como tomar uma casa. Entenderam? Sabem como fazer agora?

— Sim, senhor.

Precisamos de alguém como meu avô, que pôde nos ensinar a "pôr a sela". Mas Lee já se foi há muito tempo, generais de brigada são raros e meu avô está morto há vários anos. Aonde vamos? Para quem podemos ir? Para a mais surpreendente fonte!

COMO DEUS INICIA UM HOMEM

Alguns anos atrás, em um ponto de minha jornada, em que me sentia mais perdido do que nunca, ouvi uma palestra de Gordon Dalbey, que acabara de escrever *Healing the Masculine Soul* [Curando a alma masculina]. Ele levantou a ideia de que, apesar do passado de um homem e do fracasso de seu pai em iniciá-lo, Deus poderia levá-lo nessa jornada, fornecer o que estava faltando. Uma esperança cresceu dentro mim, mas eu a descartei com o cinismo que aprendi a usar para manter sob controle a maioria das coisas em minha alma. Várias semanas, talvez meses mais tarde, eu estava no andar de baixo, cedo de manhã, para ler e orar. Tal como acontece com muitos de meus "tempos de quietude", eu acabei olhando pela janela em direção ao leste, vendo o sol nascer. Eu ouvi Jesus sussurrando-me uma pergunta: "Você vai deixar que eu inicie você?" Antes que minha mente tivesse a chance de processar, dissecar e duvidar do negócio todo, meu coração deu um pulo e disse *sim*.

"Quem pode dar isto a um homem: seu próprio nome?", pergunta George MacDonald. "Somente Deus. Pois ninguém a não ser Deus vê o que o homem é." Ele reflete sobre a pedra branca que o Apocalipse inclui entre as recompensas que Deus dará aos que "vencerem". Naquela pedrinha branca há um novo nome. É "novo" apenas no sentido de que não é o nome que o mundo nos deu, certamente não é o que nos foi dado com a ferida. Nenhum homem vai encontrar naquela pedra "o filhinho da mamãe" ou "gorducho" ou "gaivota". Mas o novo nome não é, de fato, absolutamente novo se você entende que aquele é seu *verdadeiro* nome, aquele que lhe pertence, "aquele ser que estava no pensamento dele quando começou a fazer a criança, e que se manteve em seu pensamento durante todo o longo processo de criação" e redenção. O salmo 139 deixa claro que fomos pessoalmente planejados e criados, de maneira única, tecidos no ventre da mãe pelo próprio Deus. Ele tinha alguém em mente e esse alguém tem um nome.

Esse alguém também sofreu um ataque terrível. No entanto, Deus continua comprometido com a realização desse mesmo alguém. O ato de dar a pedra branca deixa claro: é isso que ele está fazendo. A história do relacionamento de um homem com Deus é a história de como Deus o chama, leva-o em uma jornada e lhe dá seu verdadeiro nome. A maioria de nós achava que era a história de como Deus senta-se em seu trono, esperando bater no homem que sai da linha. Não é assim. Ele criou Adão para aventura, batalha e beleza; ele nos criou para termos um lugar único em sua história e está empenhado em nos trazer de volta ao projeto original. Assim, Deus chama Abrão de Ur dos Caldeus para uma terra que ele nunca vira, para a fronteira, e, ao longo do caminho, Abrão recebe um novo nome. Ele se torna Abraão. Deus leva Jacó para algum lugar da Mesopotâmia, para aprender coisas que ele tem de aprender e que não aprenderá ao lado de sua mãe. Quando volta à cidade, ele tem um manquejar e um novo nome também.

Mesmo que seu pai tenha feito o trabalho direito, ele pode levá-lo somente até metade do caminho. Chega um momento em que você precisa deixar tudo o que é familiar e partir para o desconhecido com Deus. Saulo era um cara que realmente achava que havia entendido a história e gostava muito do papel que ele havia escrito para si mesmo. Ele era o herói de sua própria pequena minissérie: "Saulo, o Vingador". Depois daquele pequeno episódio na estrada de Damasco, ele se torna *Paulo*, e, em vez de voltar para todos os caminhos antigos e familiares, ele é levado à Arábia por três anos, para aprender diretamente com Deus. Jesus nos mostra que a iniciação pode acontecer mesmo quando já perdemos pai ou avô. Ele é o filho do carpinteiro, o que significa que José foi capaz de ajudá-lo nos primeiros dias de sua jornada. Mas, quando nos encontramos com o jovem homem Jesus, José está fora de cena. Jesus tem um novo professor – seu verdadeiro Pai – e é com ele que deve aprender quem realmente é e do que realmente é feito.

A iniciação envolve uma jornada e uma série de testes, por meio dos quais descobrimos nosso verdadeiro nome e nosso verdadeiro lugar na história. O livro de Robert Ruark, *The Old Man and the Boy* [O velho e o menino], é um exemplo clássico desse tipo de relacionamento. Há um rapaz que precisa de muito ensino e há um velho que tem muita sabedoria. Mas a iniciação não se dá na carteira da escola; ela acontece *no campo*, onde lições simples sobre a terra e os animais e as estações se transformam em lições maiores sobre a vida, o eu e Deus. Por meio de cada teste vem uma *revelação*. O menino deve manter os olhos abertos e fazer as perguntas certas. Aprender a caçar codorniz ajuda você a aprender sobre si mesmo: "Ela é ágil como um chicote e, toda vez que se levanta contra ela, você está provando algo sobre si mesmo."

A maioria de nós tem interpretado mal, há um bom tempo, a vida e o que Deus está fazendo. "Acho que só estou tentando fazer com que Deus facilite minha vida", confessou um cliente meu, mas ele poderia falar pela maioria de nós. Estamos fazendo as perguntas erradas. A maioria de nós está perguntando: "Deus, por que o Senhor deixou isso acontecer comigo?", ou "Deus, por que o Senhor simplesmente não...?" (complete a pergunta: me ajuda a ter sucesso, faz meus filhos se ajustarem, endireita meu casamento; você sabe do que tem se queixado). Mas entrar em uma jornada de iniciação com Deus requer um novo conjunto de perguntas: "O que o Senhor está tentando me ensinar com isso? Que assunto em meu coração o Senhor está tentando tratar por meio disto? O que o Senhor quer que eu veja? Do que o Senhor está me pedindo para abrir mão?" Na verdade, Deus tem tentado iniciá-lo há um bom tempo. O que está bloqueando o caminho é a maneira não apropriada como você lidou com sua ferida e a vida que você construiu como resultado.

DESPREZO PELA FERIDA

"Os homens são repetidamente ensinados, quando meninos, que uma ferida que dói é vergonhosa", observa Bly. "Uma ferida que o impede de continuar a brincar é uma ferida de menininha. Quem é verdadeiramente homem continua andando, arrastando as entranhas penduradas."[*] Como um homem que quebra a perna em uma maratona, ele termina a corrida mesmo que tenha de engatinhar e ele não vai dizer uma palavra sobre isso. Esse tipo de mal-entendido é o motivo pelo qual, para a maioria de nós, nossa ferida é uma fonte imensa de vergonha. Um homem não deveria se machucar; ele, com certeza, não deveria deixar que isso fizesse diferença. Nós vimos muitos filmes em que o mocinho pega uma flecha, simplesmente a quebra e continua lutando; ou talvez ele tenha sido baleado, mas ainda é capaz de atravessar um desfiladeiro e pegar os bandidos. E, assim, a maioria dos homens

---
[*] BLY. Op. cit.

minimiza a própria ferida. "Não é grande coisa. Um monte de gente se fere quando é jovem. Eu estou bem." O rei Davi (um cara que certamente não era um banana) não agia assim. "Sou pobre e necessitado", confessa abertamente, "e, no íntimo, o meu coração está abatido" (Salmos 109:22).

Ou talvez eles admitam que aconteceu, mas neguem que seja uma ferida, porque eles mereceram. Depois de muitos meses de aconselhamento sobre sua ferida, seu voto e sobre como lhe era impossível obter "A Resposta" das mulheres, fiz uma pergunta simples a Dave:

— O que seria necessário para convencê-lo de que você é um homem?

Ele respondeu:

— Nada pode me convencer disso.

Ficamos em silêncio enquanto as lágrimas corriam pela minha face.

— Você acolheu a ferida, não foi, Dave? Você se apossou da mensagem dela como a final e máxima. Você acha que seu pai estava certo sobre você.

— Sim — disse ele, sem nenhum sinal de emoção.

Eu fui para casa e chorei, por Dave e por tantos outros homens que conheço e por mim mesmo, porque percebi que eu também acolhera minha ferida e, desde então, simplesmente tentava seguir em frente com a vida. "Aguenta", como dizem. A única coisa mais trágica do que a tragédia que nos acontece é a maneira como lidamos com ela.

Deus está terrivelmente comprometido com você, com a restauração e a libertação de seu coração masculino. Mas uma ferida que não é reconhecida e não é lamentada, não pode se curar. Uma ferida recolhida é uma ferida que não pode se curar. Uma ferida que você acha que mereceu é uma ferida que não pode se curar.

É por isso que Brennan Manning diz: "A vida espiritual começa com a aceitação do nosso eu ferido." Sério? Como pode? A razão é simples: "Tudo que é negado não pode ser curado."* Mas esse é o problema, você percebe. A maioria dos homens nega a própria ferida: nega que aconteceu, nega que doeu, certamente nega que ela esteja moldando a maneira como vive hoje. E, por isso, o processo de Deus em iniciar um homem deve seguir um curso muito astuto; um curso que parece muito estranho, até cruel. Ele nos ferirá no exato lugar em que fomos feridos.

FRUSTRAR O FALSO EU

A partir do lugar de nosso ferimento, construímos um falso eu. Descobrimos alguns dons que funcionam para nós e tentamos viver deles. Stuart descobriu que era bom em matemática e ciências. Ele desligou o coração e gastou todas as energias aperfeiçoando seu personagem Spock. Lá, no centro acadêmico, ele estava seguro; ele também era reconhecido e recompensado. Alex era bom em esportes e em toda a imagem de machão; tornou-se um animal comedor de vidro. Stan se tornou o cara mais legal que alguém poderia conhecer. "Na história da minha vida", admitiu ele, "quero ser visto como o Cara Legalzinho." Eu me tornei um perfeccionista exigente; ali, na minha perfeição, eu encontrei segurança e reconhecimento.

"Quando eu tinha oito anos", confessa Brennan Manning, "o impostor, ou falso eu, nasceu como uma defesa contra a dor. O impostor interno sussurrou: 'Brennan, nunca mais seja seu verdadeiro eu, porque ninguém gos-

---

* MANNING, Brennan. *Abba's Child*: The cry of the heart for intimate belonging. Colorado Springs: Navepress, 2002.

ta de você como você é. Invente um novo eu que todos admirarão e ninguém vai ficar sabendo.""*

Observe a expressão-chave: "como uma defesa contra a dor", como forma de se salvar. O impostor é o nosso plano para a salvação. Por isso, Deus deve levar embora tudo isso. Geralmente, acontece no início de nossa jornada de iniciação. Ele frustra nosso plano de salvação despedaça o falso eu. No capítulo anterior, contei sobre o plano de Brad para autorredenção: ele pertenceria ao "grupo restrito". Mesmo após esse grupo decepcioná-lo várias vezes, partindo-lhe o coração várias vezes, ele não desistia. Ele simplesmente achava que seu alvo estava errado; se ele encontrasse o grupo *certo*, seu plano funcionaria. Nosso plano de redenção é difícil de abandonar, ele se agarra a nosso coração como um polvo. Então, o que Deus fez por Brad? Ele levou tudo embora. Deus levou Brad ao ponto em que ele pensou haver encontrado *o* grupo, e, então, Deus o impediu de dar seu jeito para se juntar ao bando. Brad escreveu-me uma carta descrevendo o que ele estava passando:

> Deus levou tudo embora, despojou-me de todas as coisas com as quais eu costumava ganhar a admiração das pessoas. Eu sabia o que ele estava fazendo. Ele me colocou em um lugar onde as feridas e flechas – e pecado – mais profundos de meu coração vieram à tona. Enquanto chorava, todas as imagens daquilo a que eu queria pertencer vieram: orador, conselheiro em um grupo, e foi como se Jesus me pedisse para desistir delas. O que surgiu de meu coração foi surpreendente: um *medo* incrível. E, então, a imagem de nunca conseguir

---

* Ibidem.

aquelas coisas. Uma sentença surgiu em meu coração: *O Senhor quer que eu morra! Se eu desistir disso, nunca vou pertencer nem ser alguém. O Senhor está me pedindo para morrer.* Essa tem sido minha esperança de salvação.

Por que Deus faria algo tão cruel? Por que ele faria algo tão terrível, a ponto de nos ferir no lugar de nossa ferida mais profunda? Jesus advertiu-nos que "quem quiser salvar a sua vida, a perderá" (Lucas 9:24). Cristo não está usando a palavra *bios* aqui; ele não está falando de nossa vida física. A passagem não fala de tentar salvar a pele, evitando o martírio ou algo parecido. A palavra que Cristo usa para "vida" é *psique*, a palavra para alma, o eu interior, o coração. Ele diz que as coisas que fazemos para salvar nossa psique, nosso eu, aqueles planos para salvar e proteger nossa vida interior, isso é o que realmente nos destruirá. "Há caminho que parece reto ao homem, mas no final conduz à morte", diz Provérbios 16:25. O falso eu, nosso plano para a redenção, parece-nos tão certo. Ele nos protege da dor e nos garante um pouco de amor e admiração. Mas o falso eu é uma mentira; todo o plano é construído sobre um fingimento. É uma armadilha mortal. Deus nos ama demais para nos deixar assim. Então ele nos frustra de muitas, muitas maneiras diferentes.

A fim de levar um homem para dentro da própria ferida, para que ele possa curá-la e começar a liberação do verdadeiro eu, Deus frustrará o falso eu. Ele tirará tudo em que você se apoiava para lhe trazer vida. No filme *The Natural*, Robert Redford é um jogador de beisebol chamado Roy Hobbs, talvez o mais talentoso jogador de beisebol de todos os tempos. Ele é um garoto prodígio do ensino médio, um superdotado que recebe uma oportunidade nas grandes ligas. Mas seu sonho de ter uma carreira profissional é interrompido quando Hobbs é erroneamente condenado à prisão por homicídio. Anos mais tarde, um Hobbs envelhecido ganha uma segunda chance. Ele assina com o New York Knights, o pior time da liga. Mas, por meio de seu incrível dom, intocado pelos anos, Hobbs leva os Knights da ignomínia ao jogo de decisão pelo título da Liga Nacional. Ele une a equipe e torna-se o centro dos sonhos e esperanças.

O clímax do filme é o jogo pelo campeonato. Está no fim da partida; o placar está Pittsburgh: 2 x Knights: 0. Os Knights estão com dois jogadores eliminados; têm um homem na primeira e um na terceira base, quando Hobbs se coloca em posição. Esta é sua única chance; este é seu momento. Agora, há algo que você deve saber, algo absolutamente crucial para a história: desde seu tempo de ensino médio, Hobbs rebate com um taco que ele mesmo fez do coração de uma árvore derrubada por um raio no jardim de sua casa. No bastão foi gravado um raio e as palavras "Wonder Boy" [menino prodígio]. Esse taco é o símbolo de sua grandeza, sua superdotação. Ele nunca, jamais jogou com outro. Agarrando "Wonder Boy", Hobbs pisa na base. Sua primeira rebatida não pega nada; a segunda, também errada, manda uma bola alta e para trás. A terceira é uma tacada consistente que segue ao longo da linha da primeira base; parece que vai ser um *home run*, mas também é inválida. Quando Hobbs retorna à base, ele vê seu bastão... em pedaços. Ele se despedaçou na última rebatida.

Este é o momento crítico na vida de um homem, quando tudo aquilo em que ele se apoia desaba, quando seu taco de ouro se quebra em pedaços. Seus investimentos fracassam; a empresa o despede; a igreja o dispensa; ele é abatido por uma doença; a esposa vai embora; a filha fica grávida. O que ele vai fazer? Vai continuar no jogo? Vai voltar encolhido para o banco dos reservas? Vai se esforçar para tentar recuperar as coisas, como fazem muitos homens? O verdadeiro teste para um homem, o começo de sua redenção, na verdade, inicia-se quando ele não pode mais contar com aquilo com que esteve acostumado a contar a vida toda. *A verdadeira jornada começa quando o falso eu fracassa.* Um momento que parece uma eternidade passa enquanto Hobbs fica parado ali, segurando os pedaços quebrados, examinando o dano. O bastão não pode ser reparado. Então, ele diz para o garoto dos tacos: "Vá pegar um de vencedor para mim, Bobby." Ele permanece no jogo e acerta um *home run*, ganhando o torneio.

Deus também tirará nosso "bastão". Ele fará algo para frustrar o falso eu. Stuart "salvou" a si mesmo tornando-se sem emoção. Ano passado, a esposa o abandonou. Ela ficou farta daquela existência bidimensional; que mulher quer estar casada com o Spock? Alex sofreu recentemente uma série de ataques de pânico que o deixaram quase incapaz de sair de casa. Toda a construção machista foi pelo chão. No começo, ninguém conseguia acreditar; Alex não conseguia acreditar. Ele era invencível, o cara mais forte que alguém já conheceu. Mas foi tudo construído como uma defesa contra a ferida. Nossa perda não precisa necessariamente ser algo tão dramático. Um homem pode simplesmente acordar um dia e encontrar-se perdido, perdido como Dante descreveu a si mesmo: "No meio da estrada de minha vida, acordei em um bosque escuro, onde o verdadeiro caminho estava inteiramente perdido." Esse foi o ponto de virada na minha vida.

Eu fui a Washington, D.C., quando jovem, tentar me tornar alguém, provar alguma coisa, ganhar credibilidade. A maldita coisa foi que eu consegui. Meu talento me prestou um desserviço quando fez o que eu precisava. Eu fui reconhecido e recompensado. Mas a experiência toda parecia um ato de sobrevivência: não algo emanando de um âmago profundo, mas algo que eu tinha de provar, superar, agarrar. Como disse Manning sobre seu próprio impostor: "Eu estudei muito, obtive excelentes notas, ganhei uma bolsa de estudos no ensino médio e fui perseguido durante todo o tempo pelo terror do abandono e pela sensação de que ninguém estava lá para mim."* Ao final de dois anos, acordei uma manhã e percebi que odiava minha vida.

> Quanta ajuda tu dás àqueles que aprendem!
> Para uns, uma chaga dolorida; para outros, um coração sangrando;
> Para uns, um cansaço pior que qualquer agonia;
> Para outros, uma preocupação que os persegue, assustadora, cega;
> Loucura para uns; para outros, uma flechada que abala
> De morte medonha, ainda os acompanhando quando se viram;
> Para alguns, uma fome que não os deixará.
>
> Para uns, dás uma profunda inquietação: um desdém
> De tudo o que são ou veem sobre a terra;
> Um olhar, na noite escura e no clarear da manhã,
> Como em uma terra de vazio e escassez;
> Para uns, uma tristeza amarga; para outros, a pontada
> Do amor menosprezado – do abandono doentio;
> Para uns, um coração congelado, ah, pior que tudo! ...

---

* Ibidem.

Os mensageiros de Satanás pensam em arruinar,
Mas faze – levando a alma de falso a fiel –
Para ti, o reconciliador, o único real,
Em somente quem o *seria* e o *é* se encontram.*

Este é um momento muito perigoso, quando Deus parece se colocar contra tudo que tem significado vida para nós. Satanás espia uma oportunidade e pula para acusar a Deus em nosso coração. "Você está vendo", diz ele, "Deus está zangado com você. Está desapontado com você. Se te amasse, ele facilitaria as coisas. Ele não quer o seu melhor, você sabe." O Inimigo sempre nos tenta a voltar ao controle, a recuperar e reconstruir o falso eu. Devemos lembrar que é por amor que Deus frustra nosso impostor. Como Hebreus nos lembra, é ao filho que Deus disciplina, portanto, não desanime (12:5,6).

Deus nos impede de salvarmos a nós mesmos. Achamos que isso nos destruirá, mas o oposto é verdade: precisamos ser salvos do que realmente nos destruirá. Para andarmos com ele em nossa jornada de iniciação masculina, devemos nos afastar do falso eu: largá-lo, entregá-lo voluntariamente. Parece loucura, a sensação é de imensa vulnerabilidade. Brad parou de procurar pelo grupo. Stuart começou a abrir o coração para a emoção, relacionamento e tudo o que ele enterrara há muito tempo. Alex parou de "comer vidro", parou de bancar o machão para enfrentar o que nunca enfrentara interiormente. Eu desisti do perfeccionismo, deixei Washington e fui procurar meu coração. Nós simplesmente aceitamos o convite para deixar tudo aquilo em que confiamos e nos aventurarmos com Deus. Podemos escolher fazê-lo ou podemos esperar que Deus traga tudo abaixo.

---

* MACDONALD, George. *Diary of an Old Soul*. Mansfield Centre: Martino Publishing, 2015.

Se você não tem ideia do que possa ser seu falso eu, então um ponto de partida seria perguntar às pessoas com quem vive e trabalha: "Qual é meu efeito sobre você? Como é morar (ou trabalhar) comigo? O que você *não* tem liberdade de falar comigo?" Se você nunca, jamais diz palavra alguma em uma reunião porque tem medo de dizer algo estúpido, então é hora de falar. Se o que você sempre faz é dominar uma reunião porque seu senso de valor próprio vem de estar no comando, então você precisa calar a boca por um tempo. Se você pratica esportes porque se sente melhor só consigo mesmo, então provavelmente é hora de dar uma pausa a isso e ficar em casa com sua família. Se você nunca joga nada com outros homens, então está na hora de ir para a quadra com os caras e fazer umas cestas. Em outras palavras, enfrente seus medos olhando nos olhos. Solte a folha de figueira, saia de seu esconderijo. Por quanto tempo? Mais do que você quer; tempo suficiente para trazer à tona os assuntos mais profundos. Deixe que a ferida surja debaixo daquilo tudo.

Perder o falso eu é doloroso. Trata-se de uma máscara, uma máscara usada durante anos e perdê-la pode significar perder um amigo chegado. Por debaixo da máscara está toda a ferida e o medo de que fugimos, escondendo-nos. Deixá-los vir à superfície pode nos abalar como um terremoto. Brad sentiu como se fosse morrer; o mesmo pode acontecer com você. Ou você pode se sentir como Andy Gullahorn, que escreveu a música *Steel Bars* [Barras de aço]:*

> Então essa é a sensação de chegar ao fundo do poço do desespero,
> Quando a casa que eu construí cai por terra,

---

* Do álbum *Old Hat* (© 1997 por Andy Gullahorn).

E essa é a sensação de saber que o homem que digo ser
Não é o homem que eu sou quando ninguém está por
perto.

Mas este não é o fim da estrada; é o início da trilha. A jornada que você está percorrendo é em direção à liberdade, cura e autenticidade. Ouça a próxima parte da música de Andy:

> É essa a sensação de voltar à vida
> E começar a lutar para ganhar o controle,
> É essa a sensação de deixar a liberdade entrar
> E quebrar as correntes que escravizam minha alma.

AFASTAR-SE DA MULHER

À medida que nos afastamos do falso eu, nós nos sentiremos vulneráveis e expostos. Seremos cruelmente tentados a nos voltar para nossos confortadores em busca de algum alívio, àqueles lugares em que encontramos consolo e descanso. Pelo fato de muitos de nós nos voltarmos para a mulher em busca do senso da própria masculinidade, devemos nos afastar dela também. *Não estou dizendo para você deixar sua esposa.* O que quero dizer é que pare de procurar nela sua validação, pare de tentar fazê-la ser seu socorro, pare de tentar obter sua resposta a partir dela. Para alguns homens isso pode significar desapontá-la. Se você tem sido um homem passivo, anda na ponta dos pés perto de sua esposa há anos, nunca faz nada que possa balançar o barco, então está na hora de balançar a coisa. Enfrente-a, deixe-a ficar com raiva de você. Para aqueles de vocês que são homens violentos (incluindo os empreendedores), isso significa que você deve *parar de abusar dela*. Você a libera de ser o objeto de sua raiva porque a libera de ser aquela que deveria fazer de você um homem. Arrependimento para um homem agressivamente motivado significa se tornar *amável*. Ambos tipos ainda estarão com a mulher. O arrependimento depende do modo como você tem se aproximado dela.

Mas eu aconselhei muitos jovens a romperem com a mulher com quem estavam *namorando*, porque haviam feito dela a sua vida. Ela era o sol de seu universo, em torno do qual ele orbitava. Um homem precisa de uma órbita muito maior que uma mulher. Ele precisa de uma missão, um propósito de vida e precisa saber seu próprio nome. Só então ele estará apto para uma mulher, pois, só então, ele terá algo para o qual convidá-la. Um amigo me disse que na tribo Masai, na África, um jovem não pode cortejar uma mulher até que ele tenha matado um leão. Esse é o modo deles de dizer: até que ele tenha sido iniciado. Eu vi muitíssimos jovens cometendo uma espécie de promiscuidade emocional com uma jovem. Ele vai atrás dela tentar conquistá-la, não para oferecer sua força, mas para beber-lhe da beleza, para ser afirmado por ela e se sentir como homem. Eles compartilharão conversas profundas e íntimas. Mas ele não se comprometerá; ele é *incapaz* de se comprometer. Isso é muito injusto com a jovem moça. Após um ano de um relacionamento assim, uma querida amiga disse: "Nunca me senti segura sobre o que eu significava para ele."

Quando somos atraídos pela "Mulher do Cabelo Dourado", devemos reconhecer que algo mais profundo está em jogo. Como diz Bly:

> O que significa quando um homem se apaixona por um rosto radiante do outro lado da sala? Pode significar que ele tem algum trabalho de alma a fazer. Sua alma é o

problema. Em vez de ir atrás da mulher e tentar pegá-la sozinha... ele precisa estar sozinho consigo mesmo, talvez em uma cabana na montanha, por três meses, escrevendo poesia, remando rio abaixo e sonhando. Isso pouparia algumas mulheres de muitos problemas.*

Novamente, isso não é uma permissão para se divorciar. Um homem que se casou com uma mulher fez-lhe um juramento solene; ele nunca curará a própria ferida causando outra àquela que ele prometeu amar. Algumas vezes, ela o deixará; isso é outra história. Muitos homens correm atrás dela, implorando para que não se vá. Se ela tem de ir, provavelmente é porque você tem algum trabalho de alma a fazer. O que estou dizendo é que a jornada masculina sempre leva um homem para *longe* da mulher, a fim de que ele possa voltar para ela com a própria pergunta respondida. Um homem não vai a uma mulher para obter sua força; ele vai até ela para *oferecê-la*. Você não precisa de uma mulher para se tornar um grande homem; e quando é um grande homem, não precisa da mulher. Como disse Agostinho: "Que minha alma te louve por todas essas belezas, mas que não se prenda a elas pela armadilha do amor", a armadilha do vício, pelo qual levamos nossa alma a elas em busca de validação e conforto. Quando envolve compromissos sexuais, isso causa danos profundos e duradouros à alma, também cria fortalezas espirituais que o maligno usa para nos atormentar. Incluí uma oração de cura sexual ao final deste livro para ajudá-lo a encontrar liberdade e integridade em sua sexualidade.

Mas há um assunto ainda mais profundo do que a nossa pergunta. O que mais estamos buscando na Mulher do Cabelo Dou-

---

* BLY. Op. cit.

rado? Qual é o profundo anseio que estamos tentando aplacar com ela? Misericórdia, conforto, beleza, êxtase – em uma palavra, *Deus*. Falo sério! O que estamos procurando é Deus.

Houve um tempo em que Adão bebeu profundamente da fonte de todo Amor. Ele (nosso primeiro pai e arquétipo) viveu em uma comunhão ininterrupta com a mais cativante, bela e inebriante Fonte de vida no universo. Adão tinha Deus. É verdade que não era bom que o homem estivesse só, e Deus, em sua humildade, deu-lhe Eva, permitindo-lhe precisar dela também. Mas algo aconteceu na Queda; algo *mudou*: Eva tomou o lugar de Deus na vida do homem. Permita-me explicar.

Adão não foi enganado pela serpente. Você sabia disso? Paulo deixa claro em 1Timóteo 2:14: Adão não caiu porque foi enganado. Seu pecado foi diferente; de certa forma, foi mais sério, pois ele o fez com os olhos abertos. Não sabemos quanto tempo durou, mas, por um momento no Éden, Eva havia caído e Adão não; ela comera, mas ele ainda tinha escolha. Acredito que em seu coração algo tenha acontecido. Algo como: "Eu perdi meu *ezer kenegdo**, minha alma gêmea, a companhia mais vital que jamais conheci. Não sei como será a vida, mas sei que não posso viver sem ela."

Adão escolheu Eva em lugar de Deus.

Se você acha que estou exagerando, basta olhar em volta. Veja toda arte, poesia, música, todo drama dedicado à bela mulher. Ouça a linguagem que os homens usam para descrevê-la. Observe a poderosa obsessão agindo. O que mais poderia ser isso senão *adoração*? Os homens vêm ao mundo sem o Deus que era nossa mais profunda alegria, nosso êxtase. Ansiando profundamente

---

* Palavra hebraica que significa "socorro de Deus". [N. do T.]

por não sabemos o que, encontramos uma filha de Eva e estamos perdidos. Ela é a coisa mais próxima que já encontramos: o pináculo da criação, a própria personificação de beleza, e mistério, e ternura, e fascinação de Deus. E o que vem com ela não é somente nosso anseio por Eva, mas nosso anseio por Deus também. Um homem sem seu verdadeiro amor, sua vida, seu Deus, encontrará outro. Que melhor substituto do que as filhas de Eva? Nada mais na criação sequer chega perto.

A um jovem que nunca ficara sem namorada desde a oitava série, aconselhei a terminar, a cancelar todos os encontros amorosos durante um ano. Pelo olhar em seu rosto, alguém podia pensar que eu lhe dissera para cortar o braço... ou algo pior. Você vê o que está em jogo aqui? Perceba que a luta contra a pornografia ou masturbação é mais difícil quando se está solitário, ou dilapidado, ou almejando pelo conforto de alguma forma. Isso se tornará mais intenso à medida que se aproxima de sua ferida. Com o desejo de que a dor profunda desapareça, a atração por outros consoladores pode parecer esmagadora. Já vi isso em muitos homens. Sei por mim mesmo. Mas se aquela era a água pela qual você realmente estava sedento, por que, então, você continua com sede depois de beber dela? É o poço errado.

Precisamos reverter a escolha de Adão, precisamos escolher Deus em lugar de Eva! Precisamos levar nossa dor profunda a ele, pois somente em Deus encontraremos a cura de nossa ferida.

CAPÍTULO 7

CURANDO A FERIDA

Bandoleiro, por que você não volta à razão?
Há tanto tempo você cuida para não deixar buraco na cerca,
Ah, você é um cara durão,
Mas eu sei que você tem suas razões...
É melhor você deixar alguém te amar
Antes que seja tarde demais.

THE EAGLES, *Desperado* [Bandoleiro][*]

A tarefa de curar é respeitar a si próprio como criatura, nem mais nem menos.

WENDELL BERRY

O desejo mais profundo de nosso coração é por união com Deus. Deus nos criou para uma união consigo mesmo: este é o propósito original de nossa vida.

BRENNAN MANNING[**]

---

[*] © 1973 por Glenn Fry e Don Henley.
[**] MANNING. Op. cit.

A cho que dei uma impressão errada da minha vida com meus filhos. Escalada, canoagem, luta livre, nossa busca por perigo e destruição – você pode ter ficado com a impressão de que somos uma espécie de academia militar do meio do mato ou uma daquelas seitas de milícia. Então, permita-me contar o meu evento favorito do dia. Tarde da noite, na hora de dormir, depois que os meninos escovaram os dentes e fizemos nossa oração familiar, enquanto eu os ajeito, um dos garotos pergunta: "Papai, me aninha esta noite?" Aninhar é quando eu me aconchego ao lado deles em uma cama que não é grande o bastante para nós dois – e essa é a ideia, chegar bem perto – e ali no escuro nós ficamos só conversando. Normalmente, começamos a rir e depois temos de sussurrar, porque os outros vão pedir para a gente fazer silêncio. Às vezes, começa uma sessão de cócegas, outras vezes é uma oportunidade de eles fazerem perguntas sérias sobre a vida. Mas, o que quer que aconteça, o mais importante é o que se passa mais no fundo de tudo: intimidade, proximidade, conexão.

Sim, meus meninos querem que eu os guie na aventura, e eles adoram testar a própria força contra a minha. Mas tudo isso acontece no contexto de um laço íntimo de amor que é muito mais profundo do que as palavras podem expressar. O que eles querem mais do que tudo, o que eu amo oferecer-lhes mais do que qualquer coisa, é a unidade de alma para alma. Como disse Tom Wolfe:

> A busca mais profunda na vida, parece-me, a coisa que, de uma forma ou de outra, era central para todos os seres, era a busca do homem para encontrar um pai, não meramente um pai de carne, não meramente o pai perdido da juventude, mas a imagem de uma força e sabedoria externas à sua necessidade e superior à sua fome, à qual a crença e o poder de sua própria vida podem ser unidos.*

A FONTE DE FORÇA REAL

Os caras ficam unanimemente envergonhados por seu vazio e suas feridas; para a maioria de nós é uma tremenda fonte de vergonha, como eu disse. Mas não precisa ser assim! Desde o começo, antes da Queda e do ataque, nossa existência estava destinada a ser de uma dependência desesperada. É como uma árvore e seus galhos, explica Cristo. Vocês são os galhos, eu sou o tronco. De mim você tira sua vida; é assim que deveria ser. De fato, ele prossegue dizendo: "Sem mim vocês não podem fazer coisa alguma" (João 15:5). Ele não está nos repreendendo ou zombando de nós, ou mesmo dizendo isso com um suspiro, pensando: "Eu queria que eles se recompusessem e começassem a agir e parassem de precisar tanto de mim." De modo nenhum. Somos *feitos* para depender de

---

* WOLFE, Thomas. *The Story of a Novel*. New York: Charles Scribner's Son, 1964.

Deus; somos feitos para a união com ele e nada em nós funciona bem sem ele. Como escreveu C.S. Lewis:

> Um carro é feito para funcionar à base de gasolina, e ele não funcionaria com nenhum outro combustível. Agora, Deus designou a máquina humana para funcionar à base dele mesmo. Ele mesmo é o combustível que nosso espírito foi projetado para queimar, ou o alimento do qual nosso espírito foi designado para se alimentar. Não há outro.*

É aqui que nosso pecado e nossa cultura se uniram para nos manterem em aprisionamento e quebrantamento, para impedir a cura de nossa ferida. Nosso pecado é aquela parte teimosa que quer, acima de tudo, ser independente. Há uma parte de nós ferozmente comprometida a viver de modo que não precisemos depender de ninguém – especialmente –, não depender de Deus. Então, a cultura chega com personagens como John Wayne e James Bond e todos aqueles outros "homens de verdade", e a única coisa que eles têm em comum é que são *solitários*, e aparentemente "não precisam de ninguém". Passamos a acreditar profundamente em nosso coração que precisar de alguém para qualquer coisa é uma espécie de fraqueza, uma deficiência. É por isso que um homem quase nunca para quando precisa de alguma informação. Eu sou famoso por isso. Sei como chegar lá, vou encontrar meu próprio caminho, muito obrigado. Somente se eu estiver inteira e completamente perdido é que vou encostar o carro e pedir ajuda, e vou me sentir um babaca por fazer isso.

---

* LEWIS, C.S. *Cristianismo puro e simples*. São Paulo: Thomas Nelson Brasil, 2017. p. 83.

Jesus não tinha dessas. O Homem que nunca se esquivou de enfrentar os hipócritas e ficar cara a cara com eles, Aquele que espantou "uma centena de homens com um feixe de cordas que giravam soltas"*, o Mestre do vento e do mar vivia em uma desesperada dependência de seu Pai. "Eu afirmo a vocês que isto é verdade: o Filho não pode fazer nada por sua própria conta, pois ele só faz o que vê o Pai fazer." "O Pai, que tem a vida, foi quem me enviou, e por causa dele eu tenho a vida"; "o que eu digo a vocês não digo em meu próprio nome; o Pai, que está em mim, é quem faz o seu trabalho." Isso não é fonte de constrangimento para Cristo, muito pelo contrário! Ele se gaba de seu relacionamento com seu Pai. Ele fica feliz em dizer a qualquer um que ouça: "Eu e o Pai somos um" (João 5:19; 6:57; 14:10; 10:30, NTLH).

Por que isso é importante? Porque muitos homens que conheço vivem com uma compreensão profundamente equivocada do cristianismo. Eles olham nesse sentido como sendo uma "segunda chance" para ajeitarem a coisa. Eles foram perdoados, agora veem como trabalho seu levar o negócio a cabo. Estão tentando terminar a maratona com uma perna quebrada. Mas observe a coisa de perto: Você se recordará que a masculinidade é uma essência passada de pai para filho. Isso é uma imagem, como tantas coisas na vida o são, de uma realidade mais profunda. A *verdadeira* essência da força é passada para nós de Deus, *por meio de nossa união com ele*. Note que essa é uma parte profunda e vital da vida do rei Davi. Lembrando que ele é o homem dos homens, certamente um guerreiro, veja como ele descreve, nos Salmos, seu relacionamento com Deus:

---
* *Ballad of the Goodly Fere*. Poema de Ezra Pound (1885-1972).

Eu te amo, ó SENHOR, minha força. (18:1)

Tu, porém, SENHOR, não fiques distante!
Ó minha força, vem logo em meu socorro! (22:19)

Ó tu, minha força, por ti vou aguardar;
tu, ó Deus, és o meu alto refúgio.
O meu Deus fiel. (59:9,10)

Ouso dizer que Davi poderia enfrentar John Wayne ou James Bond a qualquer hora, contudo, este homem de verdade não tem vergonha de admitir sua dependência desesperada de Deus. Sabemos que estamos destinados a incorporar força, sabemos que não somos o que deveríamos ser e, assim, sentimos nossa fragilidade como uma fonte de vergonha. Recentemente, enquanto conversávamos sobre sua ferida e sobre como ele precisava entrar nela para ter a cura, Dave protestou: "Eu nem mesmo quero ir até ela. Tudo parece tão verdadeiro." Os homens normalmente são bastante duros com os lugares despedaçados dentro de si. Muitos relatam sentir como se houvesse um menino dentro deles, e eles desprezam isso sobre si mesmos. *Pare de ser um bebezão*, ordenam a si mesmos. Mas não é assim que Deus sente. Ele está furioso com o que aconteceu com você. "Seria melhor para essa pessoa que ela fosse jogada no mar com uma grande pedra de moinho amarrada no pescoço do que fazer com que um destes pequeninos peque." (Lucas 17:2, NTLH). Pense em como você se sentiria se as feridas que lhe foram causadas, os golpes infligidos a você fossem infligidos em um garoto que você ama – seu filho –, talvez. Você lhe diria que ele devia ter vergonha disso? Você sentiria desprezo por ele não conseguir superar tudo aquilo? Não. Você sentiria compaixão. Como escreveu Gerard Manley Hopkins:

> Meu próprio coração deixe-me ter mais piedade;
> Deixe-me viver para meu triste eu, daqui em diante, com bondade.

No filme *Gênio Indomável*, há uma bela figura do que pode acontecer quando um homem percebe que "tomou posse" de sua ferida e descobre que não precisa fazê-lo. Will Hunting (interpretado por Matt Damon) é um jovem brilhante, um gênio, que trabalha como zelador na universidade MIT e vive em uma parte difícil da cidade. Ninguém sabe sobre seu dom, porque ele o esconde atrás de um falso eu de "garoto durão do lado errado dos trilhos". Ele é um brigão (um homem violento). Esse falso eu nasceu de uma ferida paterna; o pai biológico ele não conheceu, e o homem que foi seu pai adotivo chegava em casa bêbado e batia em Will sem piedade. Depois de ser preso por entrar em uma briga pela enésima vez, o tribunal ordena que Will fale com um psicólogo, Sean (interpretado por Robin Williams). Eles criam um vínculo; pela primeira vez na vida de Will um homem mais velho se preocupa com ele de modo profundo. Sua iniciação começou. Perto do final de uma das últimas sessões, Sean e Will estão conversando sobre as surras que ele levava, agora registradas em seu processo.

Will: Então, ãh... sabe o que é? Tipo "Will tem um distúrbio de vínculo", esse lance todo? "Medo do abandono"? Foi por isso que eu terminei com a Skyler [a namorada]?

Sean: Não sabia que tinha terminado.
Will: Terminei.
Sean: Quer conversar sobre isso?
Will: [*Olhando para o chão*] Não.
Sean: Ei, Will... Eu não sei muita coisa, mas, tá vendo isto [*segurando o arquivo do jovem*]... Isso não é culpa sua.
Will: [*Desprezando a afirmação*] Ah, eu sei disso.
Sean: Olha para mim, filho. Não é culpa sua.
Will: Eu sei.
Sean: Não é culpa sua.
Will: [*Começando a ficar na defensiva*] Eu sei.
Sean: Não, não, você não sabe. Não é culpa sua.
Will: [*Realmente na defensiva*] Eu sei.
Sean: Não é culpa sua.
Will: [*Tentando pôr fim à conversa*] Tá bom.
Sean: Não é culpa sua... não é culpa sua.
Will: [*Com raiva*] Não zoa comigo, Sean, não você.
Sean: Não é culpa sua... não é culpa sua... não é culpa sua.
Will: [*Desaba nos braços de Sean, chorando*] Desculpa; desculpa.

Não é vergonha que você precise de cura; não é vergonha procurar alguém em busca de força; não é vergonha se sentir jovem e com medo por dentro. Não é culpa sua.

ENTRAR NA FERIDA

O pai de Frederick Buechner cometeu suicídio quando o filho tinha dez anos. Ele deixou um bilhete para a esposa: "Eu adoro e amo você, e não sou bom... Dê a Freddie o meu relógio. Dê a Jaime meu broche de pérola. Eu te dou todo meu amor", e então se sentou na garagem enquanto o carro ligado enchia o ambiente com monóxido de carbono. Isso aconteceu em uma manhã de sábado no outono. Era para ele ter levado Frederick e o irmão a um jogo de futebol americano naquele dia. Em vez disso, ele se levou embora da vida deles para sempre. O que um menino de dez anos faz com um evento desses? Uma criança pega a vida do jeito que ela vem, porque não tem outra maneira de fazê-lo. O mundo chegara ao fim naquela manhã de sábado, mas todas as vezes que nos mudamos para outro lugar eu vira um mundo chegar ao fim e sempre houve outro mundo para substituí-lo. Mark Twain disse:

> Quando alguém que você ama morre, é como quando sua casa se incendeia; só depois de anos você percebe a extensão toda de sua perda. Para mim, demorou mais do que para a maioria (se é que, mesmo agora, eu já percebi plenamente) e, nesse interregno, a perda veio a ser enterrada de modo tão profundo em mim, que depois de um tempo eu raramente sequer a tirava para fora para observá-la, menos ainda falar dela.*

É assim que agimos com nossa ferida, especialmente os homens. Nós a enterramos profundamente e nunca a tiramos para fora de novo. Mas devemos tirá-la, ou melhor, entrar nela. Eu entrei na minha ferida pela surpreendente porta de minha raiva. Depois que nos mudamos para o Colorado, cerca de onze anos atrás, eu me vi a descarregando em meus meninos por coisas bobas. Um copo de leite derramado provocava uma explosão de raiva. *Uh, John*, pensei, *têm umas coisas acontecendo aí dentro; é*

---

* BUECHNER, Frederick. *The Sacred Journey*: A Memoir of Early Days. New York: HarperCollins, 1991.

melhor você levantar o capô para dar uma olhada. Ao explorar minha raiva com a ajuda de meu querido amigo Brent, percebi que eu estava muito furioso por sentir-me sozinho em um mundo que constantemente demandava de mim mais do que eu me sentia capaz de dar. Havia uma parte de mim que se sentia jovem – como um menino de dez anos no mundo de um homem –, mas sem a habilidade de um homem para fazer o que é preciso. Havia muito medo sob a superfície: medo de fracassar, medo de ser descoberto e, finalmente, medo de, no fim das contas, estar por conta própria. *De onde veio todo esse medo?* Eu me perguntava. *Por que me sinto tão sozinho no mundo... e tão jovem por dentro? Por que algo em meu coração se sente órfão?*

Minha resposta veio por meio de vários filmes. Eu fui pego de surpresa por *Nada é para sempre,* por meio de sua bela narrativa de uns garotos que nunca tinham efetivamente a presença do pai, exceto durante suas viagens de pesca, e como no final eles perdem até mesmo isso. Eu percebi que havia perdido meu pai e, como Buechner, a perda foi enterrada tão profundamente em mim que, depois de um tempo, quase nunca a tirava para fora. Eu fiquei comovido com *Um mundo perfeito*, porque vi o quanto o pai significa para um menino e como eu ansiava por essa intimidade como uma fonte de força que me amasse e pudesse me dizer meu nome. Eu me identifiquei com Will Hunting, porque eu também era um brigão, que via a mim mesmo como estando contra o resto do mundo, e eu também havia aceitado minha ferida e nunca a lamentara. Eu achava que era culpa minha.

De certa forma, Deus teve de ir me levando sem que eu percebesse por meio dessas histórias, porque eu não estava disposto a simplesmente saltitar alegremente pelo caminho da dor mais profunda de meu coração. Nós lutamos contra essa parte da jornada. Todo o falso eu é uma defesa elaborada contra a entrada em nosso coração ferido. É uma cegueira escolhida. "Nosso falso eu teimosamente cega a cada um de nós para a luz e a verdade de nosso próprio oco vazio", diz Manning*. Há leitores que, até agora, não têm ideia de qual seja a sua ferida ou mesmo de qual falso eu surge dela. Ah, quão conveniente é essa cegueira! Bendita ignorância. Mas uma ferida não sentida é uma ferida não curada. Precisamos entrar. A porta pode ser sua raiva; pode ser a rejeição que você experimentou, talvez de uma garota; pode ser o fracasso ou a perda do bastão de ouro e o modo como Deus está frustrando seu falso eu. Pode ser uma oração simples: Jesus, leva-me à minha ferida.

"Eis", diz ele, "que estou à porta e bato." (Apocalipse 3:20)

CURAR A FERIDA

Se você quisesse aprender a curar cegos e achasse que seguir a Cristo e observar como ele faz fosse esclarecer as coisas, você ficaria muito frustrado. Ele nunca fez duas vezes da mesma maneira. Ele cospe em um cara; para outro, ele cospe na terra e faz lama e coloca-lhe nos olhos. Para um terço deles, ele simplesmente fala; um quarto, ele toca e de um quinto ele expulsa um demônio. Não há fórmulas com Deus. A maneira pela qual Deus cura nossa ferida é um processo profundamente pessoal. Ele é uma pessoa e insiste em trabalhar pessoalmente. Para alguns, vem em um momento de toque divino. Para outros, ocorre com o tempo e com a ajuda de algum outro, talvez vários outros. Como diz Agnes Sanford, "em muitos de nós há feridas

---

* MANNING. Op. cit.

tão profundas que apenas a mediação de outra pessoa a quem podemos 'despir nossa dor' pode nos curar."

Tanta cura aconteceu na minha vida simplesmente por meio de minha amizade com Brent. Nós éramos parceiros, mas muito mais do que isso, éramos amigos. Passamos horas juntos, pescando, mochilando, conversando em *pubs*. Apenas passando tempo com um homem que eu realmente respeitava, um homem de verdade que me amava e me respeitava – nada como isso para curar. No início, eu temia que o estivesse enganando, que ele enxergasse isso a qualquer momento e me largasse de mão. Mas ele não o fez, e, em lugar disso, o que aconteceu foi validação. Meu coração sabia que se um homem que eu *sabia* ser um homem achasse que eu também era um homem, bem, então talvez eu fosse mesmo. Lembre-se: masculinidade é outorgada por masculinidade. Mas tem havido outras maneiras significativas pelas quais Deus trabalhou: tempos de oração por cura, tempos de lamentar pela ferida e de perdoar meu pai. Acima de tudo, tempos de profunda comunhão com Deus. O ponto é este: a cura nunca acontece fora da intimidade com Cristo. A cura de nossa ferida flui de nossa união com ele.

Mas há alguns temas comuns que eu compartilho com você enquanto procura a restauração de seu coração.

PASSO 1: RENDIÇÃO. O primeiro passo parece tão simples que é quase difícil acreditar que o ignoramos, nunca pedimos por ele e, quando o fazemos, às vezes lutamos durante dias para simplesmente conseguir pronunciar as palavras.

Tudo começa com a rendição. Como disse Lewis: "Até que você entregue a si mesmo a ele, não terá um eu real". Devolve-

---
* LEWIS. Op. cit., p. 284-285.

mos o galho para o tronco; entregamos nossa vida àquele que é a nossa vida. E, então, *convidamos Jesus para a ferida*; pedimos-lhe que venha e nos encontre ali, que entre nos lugares despedaçados e não curados de nosso coração. Quando a Bíblia nos diz que Cristo veio para "redimir a humanidade", isso oferece muito mais do que perdão. Simplesmente perdoar um homem quebrado é como dizer a alguém correndo uma maratona: "Tudo bem que você tenha quebrado sua perna. Eu não vou guardar isso contra você. Agora, termine a corrida." É cruel abandoná-lo incapacitado desse jeito. Não, há muito mais para nossa redenção. O núcleo da missão de Cristo está predito em Isaías 61:1:

> O Espírito do Soberano, o Senhor,
> está sobre mim,
> porque o Senhor ungiu-me
> para levar boas notícias aos pobres.
> Enviou-me para cuidar dos que estão
> com o coração quebrantado,
> anunciar liberdade aos cativos
> e libertação... aos prisioneiros.

O Messias virá, diz ele, para cuidar e curar, anunciar liberdade e libertar. O quê? O *seu coração*. Cristo vem para restaurar e libertar você, sua alma, o seu verdadeiro eu. Esta é *a* passagem central em toda a Bíblia sobre Jesus, aquela que ele escolheu citar sobre si mesmo quando entrou em cena, em Lucas 4, e anunciou sua chegada. Então, aceite a palavra dele: peça-lhe para curar todas as partes despedaçadas dentro de você e uni-las em um coração inteiro e curado. Peça-lhe para libertá-lo de toda servidão e cativeiro, como ele prometeu fazer. Como orou MacDonald: "Reúna meus fragmentos quebrados em um inteiro... Que o meu seja um coração alegre, que tudo recebe, mas faça-o inteiro, com luz por toda a parte."

Mas você não pode fazer isso a distância; você não pode pedir a Cristo que entre em sua ferida enquanto você se mantém longe dela. Você tem de ir lá com ele.

— Senhor Jesus, dou minha vida a ti, tudo o que sou, tudo o que me tornei. Eu me rendo a ti completamente. Vem e sê meu Senhor. Sê meu curador. Eu te dou meu coração ferido. Vem e me encontra aqui. Entra em meu coração e alma, em minhas feridas e quebrantamento, e traz teu amor de cura para mim nesses exatos lugares.

PASSO 2: LAMENTO. Nós devemos nos enlutar pela ferida. Não foi culpa sua e isso é importante. Ah, que marco para mim quando simplesmente me permiti dizer que a perda do meu pai *teve importância*. As lágrimas que brotaram foram as primeiras que eu me permiti dar à minha ferida, e elas foram profundamente curadas. Todos aqueles anos de engolir se dissolveram em meu luto. É tão importante que lamentemos nossa ferida; é a única coisa honesta a fazer. Pois, no luto, admitimos a verdade: fomos feridos por alguém que amávamos, perdemos algo muito precioso e isso nos doeu muito. As lágrimas são curadoras. Elas ajudam a abrir e limpar a ferida. Como escreveu Agostinho, em suas *Confissões*: "As lágrimas... rolaram, e deixei-as fluir tão livremente quanto quiseram, fazendo delas um travesseiro para meu coração. Sobre elas ele descansou."* Lamentar é uma forma de validação; diz que a ferida *teve importância*.

PASSO 3: DEIXAR QUE DEUS NOS AME. Nós deixamos Deus nos amar; deixamos que ele chegue bem perto de nós. Eu sei, parece dolorosamente óbvio, mas estou lhe dizendo: poucos homens ficam

---

* AGOSTINHO, Santo. *Confissões*. São Paulo: Companhia das Letras, 2017.

tão vulneráveis a ponto de simplesmente se deixarem amar por Deus. Depois que Brad perdeu seu plano de redenção, perguntei-lhe:

— Brad, por que você não deixa Deus te amar?

Ele se contorceu na cadeira.

— Eu tenho dificuldade com isso, apenas ser amado. Parece tão nu. Eu prefiro estar no controle, ser admirado por aquilo que trago para o grupo.

Posteriormente, ele escreveu isto em uma carta para mim:

> Depois que tudo desabou, fiquei esmagado pela tristeza e o pesar. A dor é incrível. No meio disso, Deus me perguntou: "Brad, você vai deixar eu te amar?" Eu sei o que ele está pedindo. Sinto-me ansioso por precisar enviar e-mails para todas essas escolas e garantir um futuro. Mas estou cansado de fugir. Eu quero ir para casa. Folheei minha Bíblia e cheguei a João 15: "Como o Pai me amou, assim eu os amei; permaneçam no meu amor." A batalha é muito intensa. Às vezes fica tudo claro. Outras vezes é um nevoeiro. Agora, tudo o que posso fazer é me apegar a Jesus da melhor maneira que sei e não fugir de tudo que está em meu coração.

Permanecer no amor de Deus é nossa única esperança, o único lar verdadeiro para nosso coração. Não é reconhecer mentalmente que Deus nos ama. É deixar nosso coração ir para o lar, para ele, e permanecer em seu amor. MacDonald coloca da seguinte maneira:

> Quando nosso coração se volta para ele, isso abre-lhe a porta... então ele entra, não apenas em nosso pensamento, não apenas em nossas ideias, mas ele mesmo vem e por

vontade própria. Dessa maneira, o Senhor, o Espírito, se torna a alma de nossa alma... Então, de fato, *somos* nós; então, de fato, temos vida; a vida de Jesus... torna-se vida em nós... somos um com Deus para todo o sempre.*

Ou, como enuncia São João da Cruz:

> Oh, quão gentil e amorosamente permaneces tu acordado no profundo e no centro de minha alma; onde tu, em segredo e em silêncio, sozinho, como seu único Senhor, permanece, não apenas como em tua própria casa ou em tua própria recâmara, mas também dentro do meu próprio seio, em união próxima e íntima.**

Esta profunda e íntima união com Jesus e com seu Pai é a fonte de toda nossa cura e de toda nossa força. É como diz Leanne Payne, "a verdade central e única do cristianismo". Após um retiro, no qual explanei a jornada masculina a um pequeno grupo de homens, recebi este e-mail:

> Meu pai nunca nos deixou, ele simplesmente nunca teve tempo nem palavras de encorajamento para mim. Ele passou a vida inteira se fazendo o centro das atenções. Pela primeira vez entendo por quê sou altamente obsessivo, por quê nunca deixo ninguém se aproximar de mim – inclusive minha esposa – e por quê sou um impostor para a maioria das pessoas. Eu desmoronei e

---

* HEIN, Holland. *The Heart of MacDonald*. Michigan: Shaw books, 2000.
** CRUZ, São João da. *Chama Viva de Amor*. São Paulo: Loyola, 1999.

chorei. Sinto a presença de Deus em meu coração como nunca antes senti... o começo de um novo coração.

PASSO 4: PERDÃO. Chegou a hora de perdoarmos nosso pai e todos aqueles que nos feriram. Paulo nos adverte que a falta de perdão e a amargura podem arruinar nossa vida e a vida dos outros (Efésios 4:31; Hebreus 12:15). Lamento pensar em todos os anos que minha esposa suportou a raiva e a amargura de meu pai que eu redirecionava para ela. Como alguém já disse, o perdão é libertar um prisioneiro e depois descobrir que o prisioneiro era você. Eu encontrei ajuda na experiência de Bly ao perdoar o próprio pai, quando ele disse: "Comecei a pensar nele não como alguém que me privou de amor ou atenção ou companheirismo, mas como alguém que foi, ele mesmo, privado por seu pai e sua mãe e pela cultura."* Meu pai teve a própria ferida que ninguém jamais se ofereceu para curar. O pai dele também foi um alcoólatra durante algum tempo, e houve anos difíceis para meu pai na juventude, assim como houve para mim.

Agora, você deve entender: perdão é uma escolha. Não é um sentimento, mas um ato da vontade! Como escreveu Neil Anderson: "Não espere para perdoar quando sentir vontade de perdoar; nunca chegará esse momento. Os sentimentos levam tempo para se curar depois que a escolha de perdoar é feita." Nós permitimos que Deus traga a ferida de nosso passado, pois "se o seu perdão não visitar o cerne emocional de sua vida, ele será incompleto." Reconhecemos que doeu, que teve importância e escolhemos estender o perdão a nosso pai. *Não é* dizer: "Isso não teve mesmo nenhuma importância"; *não é* dizer: "Eu provavelmente mereci

---
* BLY. Op. cit.

parte disso mesmo." O perdão diz: "Foi errado, teve importância, e eu libero você."

E então, pedimos a Deus que seja nosso Pai e nos diga nosso verdadeiro nome.

O NOME QUE DEUS TEM PARA NÓS

Notei, há alguns anos, no caminho de minha própria jornada masculina, que eu me relacionava bem com Jesus e com "Deus", mas não com Deus como *Pai*. Não é difícil descobrir o por quê. Pai tem sido uma fonte de dor e decepção para mim... para muitos de nós. Então, li isto de MacDonald:

> No meu tempo de criança e menino, meu pai era o refúgio de todos os males da vida, até mesmo da própria dor aguda. Por isso digo ao filho ou filha que não tem prazer no nome *Pai*: "Você deve interpretar a palavra como tudo que lhe faltou na vida. Tudo o que a ternura humana pode dar ou desejar na proximidade e prontidão de amar, tudo e infinitamente mais deve ser verdadeiro sobre o Pai perfeito – o criador da paternidade."*

O presente dado foi perfeitamente cronometrado, pois eu sabia que era hora de permitir que Deus fosse meu pai. (Durante todo o processo de minha iniciação, Deus proveu palavras como essa, mensagens, pessoas, presentes para abrirem a próxima etapa da jornada.) A masculinidade é passada de pai para filho e, então, de Pai para filho. Adão, Abraão, Jacó, Davi, Jesus – todos eles ficaram sabendo quem eram em sua intimidade com Deus –,

---
*MCDONALD. Op. cit.

com o Pai. Afinal, "quem pode dar isto a um homem: seu próprio nome? Só Deus. Pois ninguém, a não ser Deus, vê o que o homem é." Isso geralmente é considerado como um sentimento de culpa: *É, Deus me vê... e o que ele vê é o meu pecado.* Isso está errado por dois motivos.

Em primeiro lugar, seu pecado foi tratado. Seu Pai afastou o pecado de você "como o Oriente está longe do Ocidente" (Salmos 103:12). Você foi lavado de seus pecados (1Coríntios 6:11). Quando olha para você, Deus não vê seu pecado. Ele não tem um pensamento condenatório para com você (Romanos 8:1). Mas isso não é tudo. Você tem um novo coração. Essa é a promessa da nova aliança:

> Darei a vocês um coração novo e porei um espírito novo em vocês; tirarei de vocês o coração de pedra e lhes darei um coração de carne. Porei o meu Espírito em vocês e os levarei a agirem segundo os meus decretos e a obedecerem fielmente às minhas leis. (EZEQUIEL 36:26,27)

É com razão que é chamado de boas novas.

Muitos cristãos hoje voltaram a viver na antiga aliança. Jeremias 17:9 foi incutido neles pela repetição, e eles andam por aí acreditando que seu coração é *mais enganoso que qualquer outra coisa.* Não, ele não é mais assim! Leia o resto do livro. Em Jeremias 31:33, Deus anuncia a cura para tudo isso: "Porei a minha lei no íntimo deles e a escreverei nos seus corações. Serei o Deus deles, e eles serão o meu povo." Eu lhes darei um novo coração. É por isso que Paulo diz em Romanos 2:29: "Não! Judeu é quem o é interiormente, e circuncisão é a operada no coração, pelo Espírito." O pecado não é a coisa mais profunda sobre você. Você tem um novo coração. Você me ouviu? Seu coração é *bom.*

O que Deus vê quando olha para você é o seu *verdadeiro* eu, seu eu real, o homem que ele tinha em mente quando criou você. De que outra forma ele poderia lhe dar a pedra branca com seu nome verdadeiro? Eu trouxe você comigo na história de Dave – como o pai lhe causou a ferida de "filhinho da mamãe" –, como ele buscou seu senso de masculinidade nas mulheres, como ele acolheu a própria ferida e sua mensagem como sendo definitiva e verdadeira. Nós nos sentamos um dia em meu escritório, a vida dele foi muito bem detalhada e desempacotada diante de nós, como se houvéssemos desembalado um baú de segredos e exposto tudo à luz do dia. O que mais havia para ser dito? "Você só tem uma esperança, Dave... que seu pai esteja errado sobre você."

Você deve perguntar a Deus o que ele pensa de você, e você deve ficar com a pergunta até ter uma resposta. A batalha vai ficar acirrada nesse ponto. Esta é a *última* coisa que o Maligno quer que você saiba. Ele vai bancar o ventríloquo; ele vai sussurrar para você como se fosse a voz de Deus. Lembre-se, ele é o acusador dos irmãos (Apocalipse 12:10). Depois que assisti *Gladiador*, eu queria muito ser um homem como Maximus. Ele me fazia lembrar de Henrique V, da peça de Shakespeare, um homem corajoso e valente. Maximus é forte e corajoso e luta tão bem, e ainda assim, o coração dele está entregue à eternidade. Ele anseia pelo céu, mas fica para lutar para que outros possam ser livres. Eu chorei no final, traspassado por um desejo de ser como ele. Satanás caiu matando, dizendo-me que não, eu, na verdade, era Commodus, o miserável conspirador que interpreta o vilão no filme. O que fez com que esse golpe fosse tão difícil de esquecer é o fato de que eu já fui Commodus; eu era um homem egoísta e conspirador que manipulava tudo em benefício próprio. Isso foi há muito tempo, mas a acusação me atingiu.

Saí em viagem à Inglaterra, onde fiz quatro conferências em cinco dias. Foi uma viagem brutal, e eu estava sob um grande ataque espiritual. Que alívio me afundar no assento e pegar o avião de volta para casa. Cansado até o osso, exausto e surrado, eu precisava ouvir as palavras do meu Pai. Então, comecei a derramar meu coração a ele em meu diário.

— E quanto a mim, querido Senhor? Tu estás satisfeito? O que tu vês? Lamento ter de perguntar, queria saber sem perguntar. O medo, suponho, me faz duvidar. Ainda assim, anseio te ouvir – uma palavra, uma imagem, um nome ou apenas um olhar teu.

Isto foi o que eu ouvi:

— Você é Henrique V após [a batalha de] Azincourt... o homem na arena, cuja face está coberta de sangue, suor e poeira, que lutou bravamente... um grande guerreiro... sim, mesmo o próprio Maximus.

E, então:

— Você é meu amigo.

Não posso dizer o quanto essas palavras significam para mim. Na verdade, tenho vergonha de contá-las a você; elas parecem arrogantes. Mas as compartilho na esperança de que o ajudem a encontrar as suas. São palavras de vida, palavras que curam minha ferida e estraçalham as acusações do Inimigo. Sou grato por elas; profundamente grato. Ah, que histórias maravilhosas eu poderia contar aqui de quantas vezes Deus falou comigo e com outros homens desde que fizemos a pergunta! Meu amigo Aaron foi a um parque perto de nossa casa e encontrou um lugar de solitude. Lá, ele aguardou pela voz do Pai. O que ele ouviu primeiro foi: "A verdadeira masculinidade é espiritual." Durante tanto tempo, Aaron achou que espiritualidade era feminina; isso o colocava em uma terrível amarra, porque ele era um homem muito espiritual e, contudo, desejava ser um homem de verdade. Deus falou exatamente o que ele precisava ouvir: a masculinidade é espiritual. Então, ouviu: "A verdadeira espiritualidade é boa." E, então: "Você é um homem. Você é um homem. Você é um homem."

É uma batalha chegar a este lugar e, uma vez que palavras como essas são ditas, o Inimigo se apressa em roubá-las. Lembre-se de como ele atacou a Cristo no deserto, logo na sequência de ele ter ouvido as palavras vindas de seu Pai. Outro amigo e eu estávamos conversando sobre essas e muitas outras histórias parecidas. Ele meio que suspirou e disse: "Sim, eu me lembro de uma vez na igreja quando ouvi Deus dizer para mim: 'Você está indo muito bem. Estou orgulhoso de você, exatamente onde você está.' Mas eu não consegui acreditar. Aquilo simplesmente não parecia verdade." É por isso que sempre descansamos na verdade proposicional. Nós nos apoiamos no que as Escrituras dizem sobre nós. Nós somos perdoados. Nosso coração é bom. A voz do Pai *nunca* está condenando. Partindo desse ponto, pedimos a Deus que fale conosco pessoalmente, que quebre o poder da mentira que foi trazida com a nossa ferida.

Ele sabe seu nome.

DE NOSSA FERIDA VEM NOSSA GLÓRIA

Eu tenho uma pintura favorita em meu escritório, uma cópia de *My Bunkie* [Meu camarada], de Charlie Schreyvogel. É uma cena de quatro soldados de cavalaria, pintada no estilo de faroeste de Remington. A ação é um resgate: um dos cavaleiros aparentemente foi baleado de seu cavalo e três homens estão galopando para buscá-lo. Em primeiro plano, o soldado à deriva está sendo arrastado para a traseira do cavalo de seu companheiro de camarata ("bunk"), um dormitório, enquanto os outros dois dão cobertura com os rifles. Eu amo essa cena porque é isso que quero fazer e ser; eu quero cavalgar em resgate dos que foram abatidos. Mas, sentado em meu escritório, um dia, Deus começou a falar comigo sobre o quadro e meu papel nele:

— John, você não pode ser o homem que resgata, até ser o homem sem cavalo, o homem que precisa ser resgatado.

Sim. A verdadeira força não vem da bravata. Até que sejamos quebrados, nossa vida será autocentrada, autoconfiante; nossa força será nossa própria. Enquanto você achar que é realmente alguma coisa em si mesmo e de si mesmo, para que precisará de Deus? Eu não confio em um homem que não sofreu; eu não deixo aproximar-se de mim homem que não tenha encarado a própria ferida. Pense nos posudos que você conhece. Eles são o tipo de homem para quem você ligaria às 2h da manhã, quando a vida está desmoronando ao seu redor? Eu não ligaria. Não quero clichês, quero uma verdade profunda e com alma, e isso só vem quando um homem percorre a estrada da qual tenho falado. Como diz Buechner:

> Fazer por si mesmo o melhor que você tem em si para fazer – cerrar os dentes e cerrar os punhos a fim de sobre-

viver ao mundo com sua aspereza extrema e o que há de pior – é, pelo próprio ato, ser incapaz de deixar algo ser feito por você e em você, o que é algo mais maravilhoso ainda. O problema de se tornar de aço, para resistir à aspereza da realidade, é que o mesmo aço protetor contra a destruição protege a sua vida também contra ser aberto e transformado.˙

Somente quando entrarmos em nossa ferida, descobriremos nossa verdadeira glória. Há duas razões para isso. A primeira delas é porque a ferida foi dada em lugar de nossa verdadeira força, como um esforço para nos eliminar. Enquanto não for a ela, você ainda estará posando, oferecendo algo mais superficial e insubstancial. E, portanto, a segunda razão é que é a partir de sua fragilidade que você descobre o que tem para oferecer à comunidade. O falso eu nunca é inteiramente falso. Os dons que temos usado costumam ser verdadeiramente nossos, mas nós os usamos para nos escondermos atrás deles. Achamos que o poder de nossa vida estava no "bastão de ouro", mas o poder está em *nós*. Quando começamos a oferecer não apenas nossos dons, mas nosso verdadeiro eu, é aí que nos tornamos poderosos.

É aí que estamos prontos para a batalha.

POSTSCRIPT

Antes de passarmos para o próximo capítulo, quero fazer uma pausa e ressaltar quão vital, quão crucial é que você encontre cura para seu coração ferido. Ouça atentamente agora: compreensão

---

˙ BUECHNER. Op. cit.

não é igual à cura; clareza não é igual à restauração. Simplesmente entender que você tem uma ferida, ou que pode ter uma ferida, não é a cura. Eu recomendo vivamente que você procure aconselhamento ou cura do ministério de oração. Seja muito específico e muito intencional sobre sua cura; leve isso a sério, como se o médico lhe tivesse dito que você tem câncer e que ele deve ser tirado imediatamente.

CAPÍTULO 8

UMA BATALHA PARA LUTAR: O INIMIGO

Um território ocupado pelo inimigo – eis o que é o mundo.

C.S. Lewis[*]

Não passamos de guerreiros para o dia de trabalho;
Nosso brilho e fulgor são todos conspurcados
Pela marcha em chuva no doloroso campo...
Mas, pela missa! Está firme nosso coração.

Henrique V

Se nos empenhássemos, como homens de coragem, em permanecer na batalha, certamente sentiríamos a ajuda favorável do Deus Celestial. Pois aquele que nos dá ocasião de lutar, para ao final podermos obter a vitória, está pronto a socorrer os que lutam virilmente e que confiam em sua graça.

Tomás de Kempis[**]

---
[*] LEWIS. Op. cit. p.79
[**] KEMPIS, Tomás de. *Imitação de Cristo*. São Paulo: Mundo Cristão, 2017.

"Papai, ainda existe algum castelo?" Luke e eu estávamos sentados à mesa do café da manhã; na verdade, ele estava sentado e eu estava servindo Sua Alteza Real, preparando-lhe torrada com geleia de damasco. Assim que fez a pergunta, eu soube o que seu jovem coração estava pensando. Ainda existem grandes aventuras? Existe alguma grande batalha? Eu queria explicar que, de fato, existem, mas, antes, que eu pudesse responder, veio um brilho em seus olhos e ele perguntou: "E ainda existe dragão?" Ah, quão profundamente isso está escrito na alma masculina. O menino é um guerreiro; menino é seu nome. Um homem precisa de uma batalha para lutar; ele precisa de um lugar onde o guerreiro nele possa ganhar vida e ser aperfeiçoado, treinado, amadurecido. Se pudermos despertar essa qualidade feroz em um homem, ligá-la a um propósito mais elevado, liberar o guerreiro interior, então o menino pode crescer e se tornar verdadeiramente masculino.

Uns dias atrás, enquanto eu trabalhava neste livro, Blaine desceu a escada e, sem dizer uma palavra, colocou em minha frente um desenho que ele fizera. Era um esboço a lápis de um anjo com ombros largos e cabelos compridos; suas asas movem-se ao lado dele, como se estivessem se abrindo, revelando que ele segura uma grande espada para ambas as mãos, como uma escocesa claymore. Ele empunha com a lâmina virada para cima, pronta para ação; seu olhar é firme e feroz. Abaixo do desenho estão as palavras escritas pela mão de um menino de nove anos: "Todo homem é um guerreiro dentro de si. Mas a escolha de lutar é de cada um." E uma criancinha os guiará. Blaine sabe tão profundamente quanto sabe qualquer coisa, que todo homem é um guerreiro, mas todo homem deve escolher lutar. O papel de guerreiro não é o único que um homem deve desempenhar, há outros que exploraremos mais tarde. Mas o título de guerreiro é crucial em nosso movimento em direção a alguma integridade masculina: está programado em cada homem.

O CORAÇÃO DO GUERREIRO

Eu tenho em meus arquivos uma cópia de uma carta escrita pelo major Sullivan Ballou, um oficial da União, no 2º regimento de Rhode Island. Ele escreve para a esposa na véspera da Batalha de Bull Run, uma batalha que ele sente que será sua última. Ele fala carinhosamente a ela de seu amor eterno, das "memórias de momentos abençoados que passei com você". Ballou lamenta pensar que ele deve desistir "da esperança de anos futuros, que, se Deus permitisse, nós ainda poderíamos viver e amar juntos, e ver nossos filhos crescerem à nossa volta, atingindo a masculinidade honrosa." No entanto, apesar de seu amor, a batalha lhe chama e ele não pode dar as costas a isso. "Não tenho receio algum ou falta de confiança na causa com a qual estou comprometido, e minha coragem não cessa nem titubeia." E segue: "Quão grande dívida temos com aqueles que nos precederam por meio de sangue e sofrimentos da Revolução... Sarah, meu amor por você é imortal, parece me amarrar com cabos poderosos que nada além da Onipotência poderia quebrar", e, ainda assim, uma causa maior "vem sobre mim como um vento forte e carrega-me irresistivelmente com todas essas correntes para o campo de batalha."

Um homem deve ter uma batalha para lutar, uma grande missão para a vida, que envolva e ainda transcenda até mesmo o lar e a família. Ele deve ter uma causa a qual ser devotado até a morte, pois isso está escrito no tecido de seu ser. Ouça com atenção agora: *você também*. Foi para isso que Deus criou você: para ser seu *aliado* íntimo, para se juntar a ele na Grande Batalha. Você tem um lugar específico na linha, uma missão que Deus preparou para você. É por isso que é tão essencial ouvir de Deus o seu verdadeiro nome, porque nesse nome está a missão de sua vida. Churchill foi chamado para liderar os britânicos durante as desesperadoras horas da Segunda Guerra Mundial. Ele disse: "Eu sentia como se estivesse caminhando com destino, e que toda a minha vida passada fora apenas uma preparação para esta hora e para esta prova." O mesmo é verdade para você: Toda sua vida foi uma preparação.

"Eu adoraria ser William Wallace, liderando o ataque com uma grande espada na mão", suspirou um amigo. "Mas me sinto como o cara lá do fundo, na quarta fileira, com uma enxada." Isto é uma mentira do Inimigo: que seu lugar é muito insignificante, que, de qualquer modo, você não está realmente armado para isso. Em sua vida você *é* William Wallace – quem mais poderia ser? Não há outro homem que possa substituí-lo em sua vida, na arena para a qual você foi chamado. Se você abandonar seu lugar na fila, ele permanecerá vazio. Ninguém mais pode ser quem você deve ser. Você *é* o herói em sua história! Não um jogador pequeno, não um extra, mas o cara principal. Esta é a próxima etapa na jornada de iniciação: quando Deus chama um homem para as linhas de frente, Ele quer desenvolver e liberar em nós as qualidades de que todo guerreiro precisa, incluindo uma consciência aguçada dos inimigos que enfrentaremos.

Acima de tudo, um guerreiro tem uma *visão*; ele tem uma transcendência à sua vida, uma causa maior que a autopreservação. A raiz de todas nossas aflições e nosso falso eu era esta: estávamos buscando salvar nossa vida e a perdemos. Cristo chama um homem para além disso: "Pois quem quiser salvar a sua vida, a perderá; mas quem perder a sua vida por minha causa e pelo evangelho, a salvará" (Marcos 8:35). Novamente, não se trata apenas de estar disposto a morrer por Cristo; é muito mais diário do que isso. Durante anos, toda minha energia diária foi gasta tentando vencer as provações de minha vida e conseguir um pouco de prazer. Minhas semanas eram desperdiçadas ou por muito esforço ou por fazer minhas vontades. Eu era um mercenário. Um mercenário luta por salário, para benefício próprio, sua vida é dedicada a si mesmo. Um verdadeiro guerreiro serve algo – ou Alguém – maior que ele mesmo. Essa é a qualidade comovente na carta de Ballou; esse é o segredo do coração guerreiro de Jesus.

Em segundo lugar, um guerreiro é *astuto*. Ele sabe quando lutar e quando correr; ele consegue perceber uma armadilha e nunca segue à frente cegamente; ele sabe que armas carregar e como usá-las. Seja qual for o terreno específico para o qual você é chamado – em casa, no trabalho, no campo das artes, da indústria ou da política mundial – você sempre encontrará três inimigos: o mundo, a carne e o diabo. Eles formam uma espécie de trindade profana. Por sempre conspirarem juntos, é um pouco difícil falar sobre eles de modo individual; em qualquer batalha, ao menos dois deles estão envolvidos, mas geralmente estão os três. Ainda assim, cada um deles tem personalidade própria, então vou abordá-los um por vez e, depois, tentar mostrar como eles conspiram contra nós. Vamos começar com o inimigo mais próximo.

O TRAIDOR INTERNO

> Por mais forte que um castelo seja, se uma entidade traiçoeira residir do lado de dentro (pronta para trair na primeira oportunidade possível), o castelo não poderá ser mantido a salvo do inimigo. O traidor ocupa nosso próprio coração, pronto para se pôr ao lado de qualquer tentação e se render a todas elas.*

Desde aquele fatídico dia em que Adão entregou a essência de sua força, os homens têm lutado com uma parte de si pronta para fazer o mesmo. Não queremos nos manifestar a menos que saibamos que tudo correrá bem e não queremos nos mover a menos que tenhamos o sucesso garantido. O que as Escrituras chamam de carne, velho homem, ou natureza pecaminosa, é aquela parte do Adão caído em todo homem que sempre quer a saída mais fácil. É muito mais fácil se masturbar do que fazer amor com sua esposa, especialmente se as coisas não estiverem bem entre vocês e iniciar sexo com ela parecer arriscado. É muito mais fácil ir até o campo de golfe e atacar um balde de bolas do que encarar as pessoas no trabalho que estão com raiva de você. É muito mais fácil limpar a garagem, organizar seus arquivos, cortar a grama ou trabalhar no carro do que conversar com sua filha adolescente.

---

*OWEN, John. *Para vencer o pecado e a tentação*. Rio de Janeiro: Cultura Cristã, 2018.

Colocando de modo franco, sua carne é uma fuinha, uma posuda, uma porca egoísta. E sua carne *não é você*. Você sabia disso? Sua carne não é seu verdadeiro eu. Quando Paulo nos dá a famosa passagem sobre como é lutar contra o pecado (Romanos 7), Paulo conta uma história com a qual estamos muito familiarizados:

> Decido fazer o bem, mas de fato não o faço. Decido não fazer o mal, mas acabo fazendo, de um modo ou de outro. Minhas decisões não resultam em ações. Algo está muito errado no meu interior e sempre tira o melhor de mim. Isso acontece tanto que já é previsível. No momento em que decido fazer o bem, o pecado está lá para me derrubar. É pura verdade que eu me alegro nos mandamentos de Deus, mas é óbvio que nem tudo em mim é festa. Partes de mim se rebelam em segredo, e, quando menos espero, elas assumem o controle. *

Ok, todos nós já estivemos nessa situação muitas vezes. Mas o que Paulo conclui é simplesmente surpreendente: "Já não sou eu quem faz isso, mas o pecado que vive em mim é que faz" (Romanos 7:20, NTLH). Você notou a distinção que ele faz? Paulo diz: "Ei, eu sei que luto contra o pecado. Mas também sei que *o meu pecado não sou eu* – este não é o meu verdadeiro coração." Você não é o seu pecado; o pecado não é mais a coisa mais verdadeira sobre o homem que entrou em união com Jesus. Seu coração é bom. "Darei a vocês um coração novo e porei um espírito novo em vocês" (Ezequiel 36:26). A grande mentira na igreja hoje é que

---

* PETERSON, Eugene H. *A Mensagem*: Bíblia em linguagem contemporânea. São Paulo: Vida, 2011.

você não passa de "um pecador salvo pela graça". Você é muito mais do que isso. Você é uma nova criação em Cristo. O Novo Testamento o chama de santo, separado, filho de Deus. No cerne de seu ser você é um homem bom. Sim, há uma guerra dentro de nós, mas é uma guerra *civil*. A batalha não é entre nós e Deus. Não! Há um traidor interno, que guerreia contra nosso verdadeiro coração, este último, lutando ao lado do Espírito de Deus em nós:

> Um novo poder está atuando. O Espírito da vida em Cristo, como um vento forte, limpou totalmente o ar, libertando vocês de uma tirania brutal nas mãos do pecado e da morte... Quem não recebeu esse Deus invisível, mas plenamente presente, o Espírito de Cristo, não saberá do que estamos falando. Mas vocês que o receberam e o têm habitando em vocês... se o Deus vivo e presente que ressuscitou Jesus dentre os mortos atua na vida de vocês, ele fará em vocês o mesmo que fez em Jesus... Quando Deus vive e respira em vocês (e ele o faz, como o fez em Jesus), vocês são libertos daquela vida morta. (Romanos 8:2,3, 9-11, *A Mensagem*)

O seu *verdadeiro* eu está do lado de Deus, contra o falso eu. Saber disso faz toda a diferença do mundo. O homem que quer viver valentemente desanimará logo se acreditar que seu coração não é nada além de pecado. Por que lutar? A batalha parece perdida antes mesmo de começar. Não, sua carne é seu *falso eu* – o posudo, manifesto na covardia e na autopreservação – e a única maneira de lidar com ele é crucificá-lo. Agora, acompanhe-me bem de perto: nunca, jamais nos é dito para crucificar nosso coração. Nunca nos é dito para matar o verdadeiro homem dentro de nós, nunca nos é dito para nos livrarmos desses desejos profundos por batalha e aventura e a bela. É-nos dito para atirarmos no traidor. Como? Escolha contrariamente a ele toda vez que você o vir levantar aquela cabeça feia. Vá em direção às situações das quais você normalmente corre. Fale diretamente dos problemas sobre os quais você normalmente permanece em silêncio. Se quiser crescer na verdadeira força masculina, então você deve parar de sabotá-la.

SABOTAGEM

Rich é um jovem profundamente apaixonado que está de fato tentando aprender o que significa ser homem. Algumas semanas atrás, ele tinha planos de sair com uns amigos. Eles prometeram ligar-lhe antes de partirem e, então, ir buscá-lo; nunca ligaram. Alguns dias depois, quando um deles trouxe o assunto à baila, Rich disse: "Ah, tudo bem. Não foi nada de mais." Mas, por dentro, ele estava *furioso*. Isso foi sabotagem. Ele deliberadamente escolheu empurrar sua verdadeira força para baixo e viver o falso eu. Faça isso o bastante e você não acreditará que tem força alguma. Percebi que quando nego a raiva que estou sentindo, ela se transforma em medo. Se não permitirmos o que Sam Keen chama de "fogo na barriga", algo mais fraco tomará seu lugar. Tive uma oportunidade, uns anos atrás, de contar ao meu chefe o que eu realmente pensava dele; não com raiva pecaminosa (há uma diferença), não para feri-lo, mas para ajudá-lo. Ele, na realidade, me pediu isso: ligou para ver se eu estava livre para conversar um pouco. Eu sabia para o que estava me chamando, e eu fugi: disse-lhe que estava ocupado. Durante alguns dias após isso eu me senti fraco; eu me senti um posudo. Eu sabotei minha força contradizendo-a.

A sabotagem também acontece quando entregamos nossa força. Aceitar suborno, deixar-se comprar, aceitar lisonja em troca de algum tipo de lealdade é sabotagem. Recusar-se a enfrentar um problema porque se você ficar quieto receberá uma promoção, ou será feito presbítero, ou manterá seu emprego. Essa postura o prejudica profundamente. Masturbação é sabotagem. É um ato inerentemente egoísta que lhe derruba. Eu conversei com muitos homens cujo vício na masturbação minou-lhes o senso de força. O mesmo acontece em um envolvimento sexual com uma mulher com a qual você não está casado. Carl é outro jovem, que as moças parecem achar especialmente atraente. Fico espantado com o que as jovens mulheres oferecem quando estão esfaimadas por amor e afirmação que nunca receberam do pai. Elas se jogam para um homem para terem um gostinho de ser querida, desejada. Carl veio até mim porque sua atividade sexual estava fora de controle. Dezenas e dezenas de mulheres se ofereciam a ele e a cada vez que cedia sentia-se enfraquecido; sua resolução de resistir ficava menor a cada vez.

As coisas começaram a mudar para Carl quando ele viu toda a luta sexual não tanto como pecado, *mas como uma batalha por sua força*. Ele queria ser forte, queria desesperadamente, e isso começou a alimentar sua escolha de resistir. Como disse Tomás de Kempis: "Um homem deve batalhar por muito tempo e de modo vigoroso dentro de si mesmo, antes de poder aprender plenamente a dominar-se."* Carl e eu passamos horas orando sobre cada um daqueles relacionamentos, confessando o pecado, quebrando os laços sexuais entre duas almas, limpando-lhe a força, pedindo a Deus para restaurá-lo. Ele o fez, e fico grato em dizer

---
* KEMPIS. Op. cit.

que aqueles dias para Carl acabaram. Não foi fácil, mas foi real; ele está feliz e casado agora. Eu incluí essa oração no apêndice.

A COISA REAL

Comece a optar por viver sua força e descobrirá que ela crescerá cada vez mais. Rich estava atrás de freios para o carro; ele ligou para a loja de peças e eles cotaram o par por 50 dólares. Mas, quando ele chegou lá, o cara disse que seria 90 dólares. Ele estava fazendo Rich de bobo e algo em Rich foi provocado. Normalmente, ele teria dito: "Ah, tudo bem. Não é grande coisa", e pagaria o preço mais alto; mas não desta vez. Ele disse ao cara que o preço era 50 dólares e fincou o pé. O cara cedeu e parou de tentar extorqui-lo. "Foi ótimo", disse-me Rich mais tarde. "Eu senti que estava finalmente agindo como homem." Agora, isso pode parecer uma história simples, mas é aí que você descobrirá sua força: nos detalhes diários da vida. Comece a saborear sua verdadeira força e você quererá *mais*. Algo no centro de seu peito parecerá ter peso, ser substancial.

Nós devemos deixar nossas forças eclodirem. Parece tão estranho, depois de tudo isso, que um homem não permitisse sua força chegar, mas muitos de nós somos enervados por nossa própria masculinidade. O que acontecerá se realmente a deixarmos sair? Em *Healing the Masculine Soul* [Curando a alma masculina], Gordon Dalbey conta uma história memorável sobre um homem que era atormentado por um sonho recorrente, um pesadelo "no qual um leão feroz ficava perseguindo o homem até ele cair exausto e acordar gritando". O homem estava consternado; ele não sabia o que o sonho significava. O leão era um símbolo de medo? Algo em sua vida o dominava? Um dia, ele foi conduzido por seu pastor (amigo de Dalbey) a revisitar o sonho em oração:

Enquanto oravam, [o pastor], por impulso, convidou o homem a rememorar o sonho, mesmo com todo o medo. Hesitantemente, o homem concordou, e logo relatou que, de fato, o leão estava à vista e vinha em sua direção. [O pastor] então o instruiu:

— Quando o leão chegar perto de você, tente não fugir, mas, em vez disso, fique ali e pergunte quem ou o que ele é, e o que ele faz em sua vida... Você pode tentar isso?

Movendo-se desconfortavelmente na cadeira, o homem concordou, então relatou o que estava acontecendo:

— O leão está bufando e balançando a cabeça, parado bem na minha frente... Eu pergunto quem ele é... e... Oh! Não posso acreditar no que ele está dizendo! Ele disse: "Eu sou sua coragem e sua força. Por que você está fugindo de mim?"

Eu tive um sonho recorrente semelhante a este durante muitos anos, especialmente na adolescência. Um grande corcel selvagem estava no cume de uma colina; eu sentia o perigo, mas não um perigo maligno, apenas algo forte e valente e maior do que eu. Eu tentava escapulir; o corcel sempre se virava a tempo de me ver e se apressava a descer a colina ao meu encontro. Eu acordava assim que ele chegava a cima de mim. Parece loucura que um homem se esgueirasse para longe de sua força, que temesse que ela aparecesse, mas é por isso que a sabotamos. Nossa força é selvagem e feroz, e ficamos mais do que inquietos com o que pode acontecer se a deixarmos chegar. De uma coisa sabemos: nada será como antes. Um cliente me disse: "Tenho medo de fazer alguma coisa ruim se eu deixar tudo isso aparecer." Não, o oposto é verdade. Você fará algo ruim se *não* deixá-la aparecer. Lembre-se: os vícios de um homem são o resultado de ele recusar sua força.

Anos atrás, Brent me deu um conselho que mudou minha vida: "Deixe as pessoas sentirem o peso de quem você é", disse ele, "e deixe que elas lidem com isso." Isso nos leva à arena de nosso próximo inimigo.

O MUNDO

O que é esse inimigo que as Escrituras chamam de "o mundo"? Seria beber e dançar e fumar? Ir ao cinema ou jogar cartas? Essa é uma abordagem superficial e ridícula de santidade. Isso nos entorpece para o fato de que o bem e o mal são muito mais sérios. As Escrituras nunca proíbem de beber álcool, apenas de se embriagar; a dança era uma parte vital da vida do rei Davi; e, enquanto há alguns filmes bem piedosos por aí, também há algumas igrejas bem ímpias. Não, "o mundo" não é um lugar ou um conjunto de comportamentos, e sim qualquer sistema construído pelo nosso pecado coletivo, todos os nossos falsos "eus" se unindo para recompensarem-se e destruirem-se mutuamente. Pegue todos aqueles posudos lá fora, coloque-os juntos em um escritório ou um clube ou uma igreja, e o resultado é o que as Escrituras querem dizer com "o mundo".

O mundo é um circo de falsificações: batalhas falsificadas, aventuras falsificadas, belas falsificadas. Os homens devem pensar nisso como uma corrupção de sua força. Batalhe para chegar ao topo, diz o mundo, então você será um homem. Por que, então, os homens que chegam lá são frequentemente os mais vazios, os mais amedrontados e os posudos mais orgulhosos que se tem por aí? Eles são mercenários, lutando apenas para construir o próprio reino. Não há nada de transcendente na vida deles. O mesmo vale para os viciados em aventura; não importa o quanto seja gasto, não importa o quão a sério seja levado seu *hobby*, ainda assim é só isso: um hobby. E quanto às belas falsificadas, o mundo está constantemente tentando nos dizer que a "Mulher do Cabelo Dourado" está lá fora, vá atrás dela.

O mundo oferece ao homem uma falsa sensação de poder e uma falsa sensação de segurança. Seja brutalmente honesto agora: De onde vem seu próprio senso de poder? É do quão bonita sua esposa é, ou sua secretária é? É de quantas pessoas frequentam sua igreja? É do *conhecimento*, é de você ter uma competência que faz os outros virem a você, curvarem-se a você? É de sua posição, graduação ou título? Um jaleco branco, um doutorado, um púlpito ou um escritório decorado pode fazer um homem se sentir bem bacana. O que acontece dentro de você quando lhe sugiro que abra mão disso? Solte o livro por um momento e considere o que você acharia de si mesmo se amanhã perdesse tudo aquilo pelo que o mundo o recompensou. "Sem Cristo, um homem falhará miseravelmente", diz MacDonald, "ou, ainda mais miseravelmente, terá sucesso." Jesus nos adverte contra qualquer coisa que dê uma falsa sensação de poder. Quando você entrar em um jantar da empresa ou em uma função da igreja, ele disse, sente-se no banco dos fundos. Escolha o caminho da humildade, não seja um autopromotor, um político, um posudo. *Desça* os degraus: leve o funcionário das correspondências para jantar; trate sua secretária como sendo mais importante do que você; procure ser o servo de todos. "De onde estou tirando meu senso de força e poder?" é uma boa pergunta para fazer a si mesmo... com certa frequência.

Se você quer saber como o mundo *de fato* se sente em relação a você, apenas comece a viver sua verdadeira força. Diga o que você pensa, defenda o desfavorecido, desafie políticas tolas. As pessoas se voltarão para você como tubarões. Lembra do filme *Jerry McGuire*? Jerry é um agente de atletas profissionais que chega a uma espécie de epifania pessoal sobre a corrupção de sua empresa. Ele emite um memorando, uma declaração de visão, pedindo uma abordagem mais humana ao trabalho da companhia. "Vamos parar de tratar pessoas como gado", diz ele, "parar de servir aos lucros e perdas e realmente servir a nossos clientes." Todos os amigos o encorajam; quando a empresa o larga (o que ele sabia que faria), eles se apressam em agarrar os clientes dele. Eu vi isso vez após vez. Um amigo meu confrontou seu pastor sobre algumas declarações falsas que o líder havia feito para obter a posição. Este pastor do rebanho começou a circular rumores de que meu amigo era gay; ele tentou arruinar-lhe a reputação.

O mundo dos posudos é abalado por um homem real. Eles farão o que for preciso para colocar você na linha: ameaçá-lo, suborná-lo, seduzi-lo, prejudicá-lo. Eles crucificaram Jesus. Mas não funcionou, não é? Você deve deixar sua força aparecer. Você se lembra de Cristo no Jardim, a força pura de sua presença? Muitos de nós têm, de fato, medo de deixar a força aparecer porque o mundo não tem lugar para isso. Tudo bem. O mundo está estragado. Deixe as pessoas sentirem o peso de quem você é e deixe que elas lidem com isso.

O DIABO

Outro dia, minha esposa e eu estávamos voltando de carro para casa depois de passarmos a tarde fora, e estávamos um pouco atrasados para o último jogo de futebol de nosso filho naquela temporada. Eu estava no banco do motorista e desfrutávamos de uma conversa prolongada sobre alguns sonhos que temos para o futuro. Depois de vários minutos, percebemos que estávamos presos em um engarrafamento que não levava a lugar nenhum. Momentos preciosos nos escapavam enquanto a tensão no carro aumentava. Em uma tentativa de ser útil, Stasi sugeriu uma rota alternativa: "Se você pegar a direita aqui e seguir até a rua First, a gente pode cortar e economizar uns cinco minutos de viagem." Eu fiquei a ponto de me divorciar dela. Falo sério. Em cerca de vinte segundos eu estava pronto para a separação. Se o juiz estivesse no carro, eu teria assinado os papéis ali mesmo. Pelo amor, por causa de um comentário sobre minha direção? Isso era tudo que estava acontecendo naquele momento?

Fiquei ao volante em silêncio e fervendo. Por fora, eu parecia numa boa; por dentro, eis o que estava acontecendo:

— Nossa, ela acha que eu não sei como chegar lá? Eu odeio quando ela faz isso.

Então outra voz falou:

— Ela sempre faz isso.

E eu disse (internamente, todo o diálogo ocorreu internamente, em um piscar de olhos):

— É, faz mesmo... ela está sempre dizendo coisas desse tipo. Eu odeio isso nela.

Um sentimento de acusação, raiva e justiça própria tomou conta de mim. Então a voz disse:

— John, isso nunca vai mudar.

E eu:

— Isso nunca vai mudar...

E a voz:

— Sabe, John, há muitas mulheres por aí que ficariam profundamente gratas em ter você como o homem delas.

E eu pensei:

— É, tem muita mulher por aí...

Você pegou a ideia. Mude os personagens e o cenário, e concluirá que a mesmíssima coisa já aconteceu com você. Só que você provavelmente achou que a coisa toda fosse sua própria sujeira.

O diabo, sem dúvida, tem um lugar em nossa teologia, mas será que ele está em uma categoria na qual sequer pensamos nos eventos diários de nossa vida? Já passou pela sua cabeça que nem todo o pensamento que cruza sua mente vem de você? O que eu experimentei no meio do trânsito aquele dia acontece o tempo todo em casamentos, em ministérios, em qualquer relacionamento. Estamos ouvindo mentiras o tempo todo. No entanto, nunca paramos para dizer: "Espere um minuto... quem mais está falando aqui? De onde estão vindo essas ideias? De onde vêm esses *sentimentos*?" Se você ler os santos de todas as eras antes da Era Moderna – aquela época cheia de orgulho da razão, da ciência e da tecnologia na qual todos nós fomos plenamente ensinados – você descobrirá que eles levavam o diabo de fato muito a sério. Como disse Paulo: "... não ignoramos as suas intenções" (2Coríntios 2:11). Mas nós, os iluminados, temos uma abordagem muito mais sensata das coisas. Procuramos uma explicação psicológica, física ou mesmo política para todos os problemas que encontramos.

Quem levou os caldeus a roubarem os rebanhos de Jó e matarem os seus servos? Satanás, claramente (Jó 1:12,17). No entanto, nós pensamos nele, por um momento sequer, quando ouvimos falar de terrorismo hoje? Quem manteve aquela pobre mulher curvada por dezoito anos, aquela que Jesus curou no sábado?

Satanás, claramente (Lucas 13:16). Mas será que nós o consideramos quando estamos tendo uma dor de cabeça que nos impede de orar ou de ler as Escrituras? Quem incitou Ananias e Safira para mentir aos apóstolos? Novamente, Satanás (Atos 5:3). Mas nós, de fato, vemos sua mão por trás de uma desavença ou um cisma no ministério? Quem estava por trás daquele ataque brutal à sua força, daquelas feridas que você recebeu? Como disse William Gurnall: "É a imagem de Deus refletida em você que tanto enfurece o inferno; é contra isso que os demônios arremessam suas armas mais poderosas."*

Há muito mais acontecendo nos bastidores de nossa vida do que a maioria de nós foi levada a crer. Pegue o Natal como exemplo.

NOS BASTIDORES

A maioria de vocês provavelmente tem um presépio que tira durante as férias e coloca sobre uma lareira ou mesa de café. A maioria desses cenários compartilha um elenco regular de personagens: pastores, sábios, talvez alguns animais de fazenda, José, Maria e, claro, o bebê Jesus. Sim, o nosso tem um ou dois anjos e imagino que o seu também tenha. Mas isso é o máximo que vai o sobrenatural. Qual é o *clima* geral da cena? Eles não têm todos uma atmosfera calorosa e pastoral, uma sensação quieta e íntima como a que você tem quando canta *Noite Feliz* ou *Num berço de palha*? E, embora tudo isso seja muito verdadeiro, é também muito *enganador*, porque não é uma imagem completa do que realmente está acontecendo. Para isso, você tem que se voltar a Apocalipse 12:

---

* GURNALL, William. *The Christian in Complete Armour*. Woodridge: Hendrickson Pub, 2010.

> Apareceu no céu um sinal extraordinário: uma mulher vestida do sol, com a lua debaixo dos seus pés e uma coroa de doze estrelas sobre a cabeça. Ela estava grávida e gritava de dor, pois estava para dar à luz. Então, apareceu no céu outro sinal: um enorme dragão vermelho com sete cabeças e dez chifres, tendo sobre as cabeças sete coroas. Sua cauda arrastou consigo um terço das estrelas do céu, lançando-as na terra. O dragão pôs-se diante da mulher que estava para dar à luz, para devorar o seu filho no momento em que nascesse. Ela deu à luz um filho, um homem, que governará todas as nações com cetro de ferro...
>
> Houve então uma guerra nos céus. Miguel e seus anjos lutaram contra o dragão, e o dragão e os seus anjos revidaram. Mas estes não foram suficientemente fortes, e assim perderam o seu lugar nos céus. O grande dragão foi lançado fora. Ele é a antiga serpente chamada Diabo ou Satanás, que engana o mundo todo. Ele e os seus anjos foram lançados à terra. (vv. 1-5,7-9)

Como disse Philip Yancey, eu nunca vi essa versão da história em um cartão de Natal. No entanto, é a história mais verdadeira, o resto da imagem do que estava acontecendo naquela noite fatídica. Yancey chama o nascimento de Cristo de a Grande Invasão, "uma incursão ousada do soberano das forças do bem na sede do mal no universo." Espiritualmente falando, aquela não é uma noite silenciosa, como na música, em inglês, *Silent Night*. É o dia D. "Está quase além da minha compreensão também, e, ainda assim, assumo que essa noção seja a chave para entender o Natal e é, de fato, a pedra de toque de minha fé", diz Yancey. "Como cristão, acredito que vivemos em mundos paralelos. Um mundo consiste em colinas e lagos, e celeiros, e políticos, e pastores cuidando de seus rebanhos à noite. O outro consiste em anjos e forças sinistras", e todo o reino espiritual. A criança nasce, a mulher escapa e a história continua assim:

> O dragão irou-se contra a mulher e saiu para guerrear contra o restante da sua descendência, os que obedecem aos mandamentos de Deus e se mantêm fiéis ao testemunho de Jesus. (v. 17)

Por detrás do mundo e da carne está um inimigo ainda mais mortal... um dos quais raramente falamos e ao qual menos ainda estamos preparados a resistir. No entanto, este é o lugar em que vivemos agora: nas linhas de frente de uma guerra espiritual feroz que é a causa da maioria das baixas que você vê ao seu redor e da maior parte dos ataques contra você. É hora de nos prepararmos para isso. Sim, Luke, existe um dragão. E aqui vai como você o mata.

CAPÍTULO 9

UMA BATALHA PARA LUTAR: A ESTRATÉGIA

> Ela estava certa sobre a realidade ser dura e sobre você fechar os olhos para isso por sua conta e risco, porque, caso não enfrente o inimigo em todo seu poder sombrio, então o inimigo surgirá por detrás num dia escuro e o destruirá enquanto você estiver virado para o outro lado.
>
> FREDERICK BUECHNER[*]

> Prende a espada à cintura, ó poderoso!
> Cobre-te de esplendor e majestade.
> Na tua majestade cavalga vitoriosamente.
>
> SALMOS 45:3,4

Como parte do exército de Cristo, você marcha nas fileiras de espíritos galantes. Cada um de seus colegas soldados é filho de um Rei. Alguns, como você, estão no meio da batalha, sitiados de todos os lados por aflição e

---

[*] BUECHNER, Frederick. *A Crazy, Holy Grace*: The Healing Power of Pain and Memory. Grand Rapids: Zondervan, 2018. Frederick Buechner é um ministro presbiteriano, escritor e teólogo americano, autor de mais de trinta livros publicados até o momento.

tentação. Outros, depois de muitas investidas, repulsas e recuperação de sua fé, já estão sobre o muro do céu, como conquistadores. De lá, eles olham para baixo e instam a vocês, seus companheiros na terra, que marchem colina acima atrás deles. Este é seu grito: "Lutem até a morte e a Cidade será sua, como agora é nossa!"

WILLIAM GURNALL[*]

---

[*] GURNALL. Op. cit.

A invasão à França e o final da Segunda Guerra Mundial começaram na noite anterior à chegada dos Aliados às praias da Normandia, quando a 82ª e a 101ª Divisões Airbone [Aerotransportadas] foram deixadas atrás das linhas inimigas para cortar os reforços de Hitler. Caso você tenha assistido a série *Irmãos de guerra*, os filmes *O mais longo dos dias* ou *O resgate do soldado Ryan*, você se lembrará dos perigos que os paraquedistas enfrentaram. Sozinhos ou em grupos pequenos, eles se moveram pela calada da noite em um país no qual nunca haviam estado, para lutar contra um inimigo que não podiam ver nem prever. Foi um momento de incomparável bravura... e covardia. Pois nem todo soldado bancou o homem naquela noite fatídica. Claro, eles pularam; mas, depois, muitos se esconderam. Um grupo levou a covardia a um novo nível.

Muitos haviam se agachado atrás de cercas vivas para aguardar o amanhecer; uns poucos chegaram até a dormir. O soldado Francis Palys, da 506ª, viu o que foi talvez a pior falta de cumprimento do dever. Ele reunira um esquadrão perto de Vierville. Ouvindo "todo tipo de barulho e cantoria à distância", ele e seus homens chegaram-se furtivamente a uma casa de fazenda. Nela havia um grupo misto de ambas as divisões americanas. Os paraquedistas haviam encontrado [licor] no porão ... e estavam mais bêbados que um bando de caipiras numa noite de farra. Inacreditável!*

Inacreditável mesmo. Aqueles homens *sabiam* que estavam em guerra, mas se recusaram a agir de acordo. Eles viviam em uma perigosa negação, uma negação que colocava em risco não apenas a si próprios, mas a inúmeros outros que dependiam que eles fizessem a parte que lhes cabia. É uma imagem *perfeita* da igreja no Ocidente, no quesito guerra espiritual. Durante uma reunião recente da equipe da igreja, um amigo meu sugeriu que algumas das dificuldades que eles estavam enfrentando podiam ser obra do Inimigo.

— O que vocês acham? — perguntou ele.

— Bem, suponho que esse tipo de coisa aconteça sim — respondeu um dos outros pastores —, no Terceiro Mundo, talvez, ou, quem sabe, para impedir uma grande cruzada. Sabe... lugares onde acontece o ministério de ponta.

ESTÁGIO UM: "NÃO ESTOU AQUI"

Incrível. Que autocondenação! "Não há nada perigoso acontecendo aqui." Aqueles homens já foram emboscados, porque engoliram a primeira fala de ataque do Inimigo: "Eu não estou aqui, isso tudo é só você." Você não pode lutar uma batalha que acha que não existe. Isto foi tirado de *Cartas de um diabo a seu*

---

* AMBROSE, Stephen E. *O Dia D*. Rio de Janeiro: Bertrand Brasil, 2002.

aprendiz, onde Lewis reproduz o velho diabo instruindo um aprendiz exatamente sobre esse assunto:

> Meu caro Vermelindo, fico espantado com sua pergunta se é essencial manter o paciente na ignorância quanto à sua própria existência. Essa questão, ao menos para a fase presente da luta, já nos foi respondida pelo Alto Comando. Nossa política para o momento é de nos mantermos ocultos.*

Quanto aos que querem ser perigosos (de ponta), observem de perto 1Pedro 5:8,9:

> Estejam alertas e vigiem. O Diabo, o inimigo de vocês, anda ao redor como leão, rugindo e procurando a quem possa devorar. Resistam-lhe, permanecendo firmes na fé, sabendo que os irmãos que vocês têm em todo o mundo estão passando pelos mesmos sofrimentos.

O que o Espírito Santo, por meio de Pedro, assume sobre a sua vida? *Que você está sob ataque espiritual.* Esta não é uma passagem sobre os descrentes, ele está falando sobre "os irmãos que vocês têm". Pedro toma como certo que todo crente está sob algum tipo de ataque invisível. E o que ele insiste que você faça? *Resista* ao diabo. Revide lutando, tome uma posição.

Fico profundamente triste em dizer que uma parceria ministerial, à qual alguns amigos queridos eram fundamentais, dissolveu-se esta semana. Eles se juntaram à outra organização para levar o evangelho às cidades pelos EUA. Essas conferências eram

---

*LEWIS, C.S. *Cartas de um diabo a seu aprendiz*. São Paulo: Thomas Nelson Brasil, 2017. p. 46.

muito poderosas; na verdade, eu nunca vi nada que tivesse nem de perto o impacto que elas tiveram. Em meio às lágrimas de agradecimento, os participantes falavam sobre a cura, a libertação e a liberdade que haviam experimentado. Eles recuperavam o próprio coração e eram atraídos para uma intimidade com Deus que a maioria nunca experimentara antes. Era lindo e inspirador. Agora, você acha que o Inimigo simplesmente deixaria esse tipo de coisa acontecer sem qualquer interferência?

A parceria atingiu algumas águas turbulentas, nada de muito grande na verdade, nada de incomum em qualquer relacionamento; contudo, os outros membros simplesmente decidiram acabar com a coalizão e foram embora no meio da temporada. Houve problemas pessoais envolvidos? Pode apostar; sempre há. Mas eles eram menores. Foi principalmente mal-entendido e orgulho ferido. Não houve uma palavra, nem uma cogitação, até onde eu pude ver, sobre o Inimigo e o que ele poderia estar fazendo para romper uma aliança tão estratégica. Quando sugeri que eles fariam bem em interpretar as coisas com os olhos abertos, mantendo os ataques do Maligno em mente, fui descartado. Aquelas pessoas de bom coração queriam explicar tudo em um nível "humano", e, deixe-me dizer: quando você ignora o Inimigo, ele vence. Ele simplesmente ama jogar toda a culpa para cima de nós, fazer-nos sentir magoados, incompreendidos, desconfiados e ressentidos uns com os outros.

Antes que um ataque militar efetivo possa ser feito, você deve interromper a linha de comunicação do exército adversário. O Maligno faz isso o tempo todo, em ministérios e especialmente com os casais. O casamento é uma imagem impressionante do que Deus oferece a seu povo. As Escrituras nos dizem que é uma metáfora viva, uma parábola ambulante, uma pintura de Rembrandt do evangelho. O Inimigo sabe disso, *e ele odeia o casamento* de todo seu coração malévolo. Ele não tem intenção de simplesmente deixar esse belo retrato ser vivido diante do mundo, tendo um apelo tão profundo que ninguém consegue resistir à oferta de Deus. Então, assim como no Jardim, Satanás vem para dividir e conquistar. Com frequência eu sinto essa sensação de acusação quando estou com minha esposa. É difícil descrever e geralmente não é colocado em palavras, mas eu só recebo uma mensagem dizendo que *estraguei tudo*. Eu, por fim, toquei no assunto com Stasi e lágrimas vieram-lhe aos olhos. "Você está brincando", disse ela. "Eu tenho sentido a mesma coisa. Achei que você estivesse decepcionado *comigo*." *Espere um minuto*, pensei. *Se eu não estou enviando esta mensagem e você não está enviando esta mensagem...*

Acima de tudo, o Inimigo tentará bloquear as comunicações com a Sede. Comprometa-se a orar todas as manhãs durante duas semanas e observe o que acontecerá. Você não vai querer se levantar; uma reunião importante será convocada para interferir; você vai pegar um resfriado; ou, se você chegar a orar, sua mente vagueará indo para o que você vai comer no café da manhã e quanto deve sair o reparo do aquecedor de água, até qual cor de meia ficaria melhor com seu terno cinza. Muitas e muitas vezes eu simplesmente estou sob um manto de *confusão* tão espesso que, de repente, me vejo questionando por que é mesmo que eu cri em Jesus. A doce comunhão que eu normalmente desfruto com Deus é cortada, desaparece como o sol atrás de uma nuvem. Se não sabemos o que está acontecendo, vamos pensar que realmente perdemos a fé ou fomos abandonados por Deus ou qualquer outra distorção dos fatos que o Inimigo faça. Oswald Chambers nos adverte: "Às vezes não há nada para obedecer, a única coisa a fazer é manter uma conexão vital com Jesus Cristo, ficar de olho para que nada interfira nisso."*

Em seguida vem a propaganda. Como a infame Tokyo Rose**, o Inimigo está constantemente transmitindo mensagens para tentar nos desmoralizar. Como no meu episódio durante o engarrafamento, ele está constantemente *distorcendo* as coisas. Afinal, a Escritura o chama de "o acusador dos nossos irmãos" (Apocalipse 12:10). Pense no que se passa (o que você ouve e sente) quando você estraga tudo mesmo. *Eu sou tão idiota! Sempre faço isso. Eu nunca vou ser nada.* Para mim, parece acusação. E quando você está tentando mesmo dar um passo à frente como homem? Posso assegurar-lhe que sei o que acontece quando eu vou falar. Eu estava dirigindo para o aeroporto, para uma viagem à Costa Oeste, a fim de dar uma palestra a homens sobre *Coração selvagem*. Durante todo o trajeto até lá eu estive sob uma nuvem de peso; eu quase fui vencido por um profundo senso de "John, você é um posudo. Você não tem absolutamente nada a dizer. Só vire o carro, vá para casa e diga-lhes que você não pode fazer isso." Agora, em meus momentos mais claros, eu sei que é um ataque, mas você precisa entender que tudo isso acontece de modo tão sutil, que parece ser verdade no momento. Eu quase desisti e fui para casa.

Quando o Maligno arremete contra Cristo no deserto, o ataque é, em última análise, contra a identidade dele. "*Se és o Filho de Deus*", zomba Satanás três vezes, e depois o tenta (Lucas 4:1-13). Brad retornou do campo missionário, ano passado, para um período sabático. Após sete anos no além-mar, na maior parte do tempo sem qualquer companhia real, ele estava bastante abatido;

---

*CHAMBERS, Oswald. *Tudo para Ele*. Curitiba: Pão diário, 2014.
** Termo atribuído a mulheres radialistas falantes do inglês que faziam, no Japão, propaganda para desmoralizar as tropas americanas durante a Segunda Guerra Mundial. [N. do T.]

ele se sentia um fracasso. Ele me contou que, quando acordava pela manhã, "ouvia" uma voz em seus pensamentos dizendo: *Bom dia... Fracassado.* Muitos homens vivem sob uma acusação semelhante. Craig entrou de verdade na batalha e tem lutado bravamente nos últimos meses. Então, teve um pesadelo, um sonho muito vívido e sombrio, no qual ele molestava uma garotinha. Ele acordou sentindo-se asqueroso e condenado. Naquela mesma semana, eu tive um sonho no qual era acusado de cometer adultério; eu de fato não havia cometido, mas no meu sonho ninguém acreditava em mim. Acompanhe com atenção: Enquanto um homem não for uma ameaça real ao Inimigo, a fala de Satanás para ele será: "Você está ótimo." Mas, depois que ele se posiciona, ela se torna: "Seu coração é ruim e você sabe disso."

Por fim, o diabo sonda o perímetro, procurando por uma fraqueza. Veja como funciona: Satanás lançará um pensamento ou uma tentação em nós, na esperança de que o engulamos. Ele conhece a sua história, sabe o que funciona com você e, portanto, a fala é feita sob medida para a sua situação. Nesta manhã mesmo, em meu tempo de oração, foi orgulho, depois preocupação, depois adultério, depois avareza, depois glutonaria. Se pensasse que aquilo tudo era eu, meu coração, eu ficaria muito desanimado. Saber que meu coração é bom me permitiu bloquear aquilo imediatamente. Quando Satanás sondar, não faça acordos. Se fizermos acordo, se algo em nosso coração disser: "É, você está certo", então ele despejará mais coisa. Você verá uma linda mulher e algo em você dirá: "Você a quer." Esse é o diabo apelando para o traidor interno. Se o traidor disser: "Sim, eu quero", então a luxúria realmente começa a tomar conta. Deixe isso continuar por uns anos e você terá dado a ele uma fortaleza. Isso pode fazer um homem bom se sentir horrível, porque ele pensará que é um homem lascivo quando não é; é um ataque do início ao fim. Por favor, não me entenda mal. Eu não estou jogando toda a culpa no diabo. Em quase todas as situações há questões humanas envolvidas. Todo homem tem suas lutas; todo casamento tem seus pontos difíceis; todo ministério tem conflitos pessoais. Mas essas questões são como um foguinho no qual o Inimigo joga gasolina e o transforma em um fogaréu. As chamas saltam em um inferno furioso e, subitamente, somos esmagados pelo que estamos sentindo. Mal-entendidos simples tornam-se motivo para divórcio. Durante todo o tempo nós acreditamos que somos nós, nós que estragamos a coisa, nós somos culpados, e o Inimigo está rindo porque engolimos a mentira de "eu não estou aqui, é só você." Temos de ser muito mais astutos para não cair nessa.

AGARRAR-SE À VERDADE

Em qualquer combate corpo a corpo, há uma troca constante de golpes, esquivas, bloqueios, contra-ataques e assim por diante. Isso é exatamente o que se dá no invisível ao nosso redor. Só que ele acontece, inicialmente, no nível de nossos pensamentos. Quando estamos sob ataque, temos de nos agarrar à verdade. Esquivamos do golpe, bloqueamo-lo com uma recusa teimosa, devolvemos o ataque com a verdade. Foi assim que Cristo respondeu a Satanás: o Senhor não entrou em uma discussão com ele nem tentou arrazoar para conseguir sair. Ele simplesmente fincou o pé na verdade. Ele respondeu com as Escrituras e nós temos de fazer o mesmo. Isso não será fácil, especialmente quando o inferno todo estiver à solta ao seu redor. A sensação vai ser a de quem se segura em uma corda enquanto é arrastado por um caminhão, vai ser como manter o equilíbrio

em um furacão. Satanás não apenas lança pensamentos para nós; ele também lança *sentimentos*. Ande em uma casa escura tarde da noite e, de repente, o medo lhe invadirá; ou apenas fique em uma fila de supermercado com todos aqueles tabloides gritando "sexo" para você e, de repente, um senso de depravação estará com você.
Mas é aí que sua força é revelada e mesmo aumentada: por meio do exercício. Firme-se no que é verdadeiro e não o largue. Ponto. O traidor interno do castelo tentará baixar a ponte levadiça, mas não o permita. Quando Provérbios 4:23 nos diz para guardar nosso coração, não está dizendo: "Tranque-o porque ele é realmente criminoso até o âmago"; está dizendo: "Defenda-o como um castelo, a sede de sua força, que você não quer entregar". Como diz Tomás de Kempis:

> No entanto, devemos estar atentos, especialmente no início da tentação; pois o inimigo é então vencido com mais facilidade, se ele não houver entrado pela porta de nosso coração, mas for resistido fora dos portões à sua primeira batida.*

Você se lembra da cena em *Coração valente* quando o pai maligno de Robert Bruce está sussurrando-lhe mentiras sobre traição e concessão? Ele diz a Robert o que o Inimigo nos diz de mil maneiras:
— Todos os homens traem; todos os homens perdem a coragem.
Como Robert responde? Ele grita de volta:
— Eu não quero perder a coragem! Eu quero acreditar, como [Wallace] acredita. Eu nunca estarei do lado errado novamente.

---
* KEMPIS. Op. cit.

Esse é o ponto de virada na vida dele... e na nossa. A batalha muda para um novo nível.

ESTÁGIO DOIS: INTIMIDAÇÃO

Stasi viveu sob uma nuvem de depressão durante muitos anos. Nós a vimos encontrar certa cura por meio de aconselhamento, mas, ainda assim, a depressão permanecia. Nós havíamos tratado, por meio de medicação, dos aspectos físicos que conseguimos, mas ela ainda permanecia. *Certo*, pensei comigo, *a Bíblia me diz que temos um corpo, uma alma e um espírito. Nós tratamos o problema do corpo e da alma... o que sobrou deve ser espiritual.* Stasi e eu começamos a ler um bocado sobre como lidar com o Inimigo. No decorrer de nosso estudo, ela encontrou uma passagem que falava de diferentes sintomas que às vezes acompanham uma opressão; uma delas era tontura. Enquanto ela lia a passagem em voz alta, parecia surpresa.

— E quanto a isso? — perguntei.
— Bem... Eu sinto muita tontura.
— Sério? Com que frequência?
— Ah, todos os dias.
— Todos os dias??!!

Eu estava casado com Stasi há dez anos, e ela nunca havia mencionado isso para mim. A pobre mulher simplesmente achava que era algo normal para todo mundo, já que era normal para ela.

— Stasi, eu nunca senti tontura na minha vida. Acho que temos alguma coisa aqui.

Nós começamos a orar contra a tontura, agindo com autoridade sobre qualquer ataque, em nome de Jesus. Você sabe o que aconteceu? Ficou *pior*! O Inimigo, uma vez descoberto, geralmente não desiste ou vai embora sem lutar. Observe que às vezes Jesus repreendia com voz severa um espírito imundo (cf. Lucas

4:35˙). De fato, quando ele encontra o cara que vive nos sepulcros em Gerasa, atormentado por uma legião de espíritos, a primeira repreensão de Jesus não parece resolver a questão. É somente após a segunda repreensão que os demônios fogem (Lucas 8:26- 33). Agora, se Jesus teve de ser duro com aqueles caras, você não acha que nós também temos? Stasi e eu nos mantivemos firmes, resistindo à ofensiva "firmes na fé", como disse Pedro. E sabe de uma coisa? As tonturas acabaram. Viraram história. Ela já não tem mais nenhuma há sete anos.

Esse é o próximo nível da estratégia de nosso Inimigo. Quando começamos a questioná-lo, a resistir às suas mentiras, a ver sua mão nas "provações corriqueiras" da vida, então ele intensifica o ataque; ele parte para a intimidação e medo. De fato, em algum momento, lendo as últimas páginas, você provavelmente começou a sentir algo como: "Eu quero mesmo entrar em todo esse abracadabra superespiritual?" É meio assustador, se você for pensar. Satanás tentará fazer você concordar com a intimidação, porque *ele o teme*. Você é uma enorme ameaça para ele. Ele não quer que você acorde e lute, porque quando você o faz, ele perde. "Resistam ao diabo", diz Tiago, "*e ele fugirá de vocês*" (Tiago 4:7, ênfase acrescentada). Assim, ele está tentando evitar que você tome uma posição. Ele vai da sedução sutil para o ataque aberto. Os pensamentos são disparados, todo tipo de coisa começa a desmoronar em sua vida, sua fé parece consistente como um papel.

Por que tantos filhos de pastor chegam ao fundo do poço? Você acha que é coincidência? Tantas igrejas começam com vida e vitalidade apenas para acabar em uma divisão, ou simplesmente murchar e morrer. Como pode? Por que uma amiga minha quase

---

˙ Na versão NIV, em inglês, "Jesus said sternly": Jesus disse severamente. [N. do T.]

desmaiou quando tentou compartilhar seu testemunho em uma reunião? Por que meus voos são, com tanta frequência, estorvados quando estou tentando levar o evangelho a uma cidade? Por que tudo parece desmoronar no trabalho quando você está tendo algum avanço em casa ou vice-versa? Porque estamos em guerra e o Maligno está tentando uma velha tática: ataque primeiro e talvez a oposição dê as costas e fuja. Ele não pode vencer, você sabe. Como disse Franklin Roosevelt: "Não temos nada a temer senão o próprio medo."

DEUS ESTÁ CONOSCO

> Seja forte e corajoso, porque você conduzirá este povo para herdar a terra que prometi sob juramento aos seus antepassados. Somente seja forte e muito corajoso! [...] Não fui eu que lhe ordenei? Seja forte e corajoso! Não se apavore, nem desanime, pois o SENHOR, o seu Deus, estará com você por onde você andar.
>
> (JOSUÉ 1:6,7,9)

Josué sabia o que era ter medo. Durante anos ele foi o segundo no comando, o braço direito de Moisés, mas agora era sua vez de liderar. Os filhos de Israel não iam apenas dar um pulinho lá e tomar a terra prometida como quem pega leite na padaria; eles teriam de lutar por ela. E Moisés não iria com eles. Se Josué estivesse completamente confiante da situação, por que Deus teria que dizer-lhe repetidas vezes para não ter medo? Na verdade, Deus lhe dá uma palavra especial de encorajamento: "Assim como estive com Moisés, estarei com você; nunca o deixarei, nunca o abandonarei" (Josué 1:5). Como Deus esteve "com Moisés"? Como um poderoso guerreiro. Lembra das pragas? Lembra de todos os soldados egípcios que se afogaram com os cavalos e carros no Mar Vermelho? Foi depois daquela exibição da força de Deus que o povo de Israel cantou: "O SENHOR é guerreiro, o seu nome é SENHOR" (Êxodo 15:3). Deus lutou por Moisés e por Israel; e então, ele fez uma aliança com Josué para fazer o mesmo, e eles acabaram com Jericó e com todos os outros inimigos.

Jeremias também sabia o que significava ter Deus com ele. "Mas o SENHOR está comigo, como um forte guerreiro", ele cantou. "Portanto, aqueles que me perseguem tropeçarão e não prevalecerão" (Jeremias 20:11). O próprio Jesus andou nesta promessa enquanto lutava por nós aqui na terra:

> Sabem o que aconteceu em toda a Judeia, começando na Galileia, depois do batismo que João pregou, como Deus ungiu a Jesus de Nazaré com o Espírito Santo e poder, e como ele andou por toda parte fazendo o bem e curando todos os oprimidos pelo Diabo, *porque Deus estava com ele*. (Atos 10:37,38, grifo do autor).

Como Jesus venceu a batalha contra Satanás? Deus era *com ele*. Isso realmente abre as riquezas da promessa que Cristo nos dá ao jurar: "E eu estarei sempre com vocês, até o fim dos tempos" e "nunca o deixarei, nunca o abandonarei" (Mateus 28:20; Hebreus 13:5). Isso não significa simplesmente que ele estará por perto, ou mesmo que ele nos consolará em nossas aflições. Significa que *ele vai lutar por nós*, conosco, assim como lutou por seu povo ao longo das eras. Enquanto andarmos com Cristo, permanecermos nele, não temos nada a temer.

Quando usa o medo e a intimidação, Satanás está tentando apelar ao compromisso do traidor com a autopreservação.

Enquanto estivermos novamente na velha história de salvar nossa pele, procurar pelos nossos interesses, essas táticas funcionarão. Vamos nos encolher. Mas o oposto também é verdade. Quando um homem resolve se tornar um guerreiro, quando sua vida é entregue a uma causa transcendente, então ele não é intimidado pelo grande Lobo Mau que ameaça mandar a casa aos ares. Após descrever aquela guerra no céu entre os anjos e a queda de Satanás à Terra, Apocalipse conta como os santos o venceram:

> Eles o venceram pelo sangue do Cordeiro e pela palavra do testemunho que deram; diante da morte, não amaram a própria vida. (12:11)

O homem mais perigoso da Terra é o homem que conta com a própria morte: "Todos os homens morrem; poucos homens realmente *vivem*." Claro que você pode criar uma vida segura para si mesmo... e terminar seus dias em uma casa de repouso balbuciando sobre alguma desgraça esquecida. Eu prefiro cair lutando. Além disso, quanto menos estivermos tentando "nos salvar", mais eficazes seremos como guerreiros. Veja o que G. K. Chesterton disse sobre coragem:

> A coragem é quase uma contradição em termos. Significa um forte desejo de viver que toma a forma de uma disposição para morrer. "Quem perder a sua vida, salvá-la-á," não é um fragmento de misticismo para santos e heróis. É um fragmento de orientação para o dia a dia de navegantes e alpinistas. Poderia ser estampado no livro de orientações ou de exercícios para escaladores de montanhas. Nesse paradoxo está todo o princípio

da coragem; mesmo da coragem totalmente terrena ou totalmente brutal. Um homem isolado pelo mar pode salvar a vida arriscando-a no precipício. Ele só poderá escapar da morte se for continuamente pisando a um centímetro dela. Um soldado cercado por inimigos, se quiser achar uma saída, precisará combinar um forte desejo de viver com uma estranha despreocupação com a morte. Ele não deve simplesmente agarrar-se à vida, pois então será covarde – e não escapará. Ele não deve simplesmente aguardar a morte, pois então será suicida – e não escapará. Ele deve buscar a vida num espírito de furiosa indiferença diante dela; deve desejar a vida como água e, no entanto, beber a morte como vinho.*

ESTÁGIO TRÊS: FAZER UM ACORDO

O terceiro nível de ataque que o Maligno emprega, após havermos resistido ao engano e à intimidação, é simplesmente tentar nos levar a fazer um acordo. Tantos homens foram comprados por uma ou outra forma. O telefone acabou de tocar; um amigo me ligou para dizer que outro líder cristão caiu na imoralidade sexual. A igreja balança a cabeça e diz: "Veja só. Ele simplesmente não conseguia se manter limpo." Isso é ingenuidade. Você acha que o homem, um seguidor de Cristo, *queria* em seu coração realmente cair? Que homem começa a jornada desejando assim: "Acho que um dia, depois de vinte anos de ministério, eu arruíno a coisa toda com um caso amoroso." Ele foi *escolhido e apanhado*; a coisa toda foi tramada. No caso dele, foi uma tarefa extensa e

---

* CHESTERTON, G. K. *Ortodoxia*. São Paulo: Mundo Cristão, 2012.

sutil para fazê-lo baixar a guarda, não tanto na batalha, mas no *tédio*. Eu conhecia esse homem; ele não tinha nenhuma grande causa pela qual lutar, apenas contra a monotonia do "ministério cristão profissional", que ele odiava, mas que não conseguia deixar por ser muito bem pago. Estava tudo armado para sua queda. A menos que esteja ciente de que é isso que acontece, você também será eliminado.

Note: Quando o rei Davi caiu? Quais foram as circunstâncias de seu caso com Bate-Seba? "Na primavera, época em que os reis saíam para a guerra, Davi enviou para a batalha Joabe com seus oficiais e todo o exército de Israel" (2Samuel 11:1). Davi não era mais um guerreiro; ele enviou outros a lutar por ele. Entediado, saciado e gordo, ele caminhou pelo terraço do palácio em busca de algo para entretê-lo. O Maligno lhe apontou Bate-Seba e o resto é história – que, como todos sabemos, se repete. William Gurnall nos adverte:

> Persistir até o fim será o carrapicho em sua sela – o espinho na carne – quando a estrada à frente parecer interminável e sua alma implorar por uma dispensa antecipada. Isso onera todas as outras dificuldades de seu chamado. Conhecemos muitos que se juntaram ao exército de Cristo e gostaram de ser soldado por uma ou duas batalhas, mas logo disseram chega e acabaram desertando. Eles impulsivamente se alistam nos deveres cristãos... e são persuadidos com muita facilidade a largá-lo. Como a lua nova, brilham um pouco na primeira parte do anoitecer, mas se vão antes que a noite acabe.*

---

*GURNALL. Op. cit.

AS ARMAS DE GUERRA

Contra a carne (o traidor interior), um guerreiro usa a disciplina. Temos uma versão bidimensional disso agora, que chamamos de "tempo de quietude". Mas a maioria dos homens tem dificuldade em manter qualquer tipo de vida devocional porque não tem nenhuma conexão vital com a recuperação e proteção de sua força; parece tão importante quanto usar o fio dental. Mas se você visse sua vida como uma grande batalha e *soubesse* que precisa de tempo com Deus para sua própria sobrevivência, você faria isso. Talvez não de modo perfeito – ninguém o faz e, de qualquer maneira, esse não é o ponto – mas você teria uma razão para buscá-lo. Tentamos sem muito empenho as disciplinas espirituais quando a única razão que temos é que "devemos" fazer. Mas nós encontraremos uma maneira de fazer isso funcionar quando estivermos convencidos de que estamos perdidos se não o fizermos.

O tempo com Deus todos os dias não diz respeito a um estudo acadêmico ou a uma certa porção da Escritura ou qualquer outra coisa. Trata-se de se conectar com Deus. Temos de manter essa linha de comunicação aberta, então use o que lhe ajudar. Às vezes, eu escuto música; outras vezes, leio as Escrituras ou um trecho de um livro; frequentemente eu escrevo em meu diário; eu posso sair para uma corrida; e há dias em que tudo que eu preciso é de silêncio e solidão e o sol nascente. O ponto é simplesmente fazer *o que quer que me traga de volta ao meu coração e ao coração de Deus*. Deus poupou-me muitas vezes de uma emboscada que eu não fazia ideia de que viria; ele me alertou no meu tempo com ele, no início da manhã, sobre algo que aconteceria naquele dia. Um dia desses mesmo, foi uma passagem de um livro sobre perdão. Eu senti que ele estava me dizendo algo de modo pessoal.

— Senhor, eu estou retendo o perdão?
— Não — respondeu ele.
Cerca de uma hora depois, recebi um telefonema muito doloroso: uma traição.
— Ah, tu estavas me dizendo para estar pronto a perdoar, não é?
— Sim.
A disciplina, a propósito, nunca é o ponto. O ponto principal de uma "vida devocional" é *conectar-se com Deus*. Este é o nosso primeiro antídoto contra as falsificações que o mundo nos oferece. Se você não tem Deus e não o tem profundamente, você se voltará a outros amantes. Como disse Maurice Roberts:

> Êxtase e prazer são essenciais à alma do crente e promovem a santificação. Não estamos destinados a viver sem alegria espiritual... O crente estará em perigo espiritual caso permita-se seguir por qualquer período de tempo sem provar o amor de Cristo... Quando Cristo deixa de encher o coração de satisfação, nossa alma sairá na busca silenciosa de outros amantes.*

O homem devotará longas horas às suas finanças se objetivar uma aposentadoria antecipada; ele suportará um treinamento rigoroso caso pretenda correr dez quilômetros ou mesmo uma maratona. A capacidade de se disciplinar está ali, mas está dormente em muitos de nós.

Contra o Maligno, usamos a armadura de Deus. O fato de Deus fornecer armas de guerra para nós, com certeza, faz muito mais sentido se nossos dias forem como uma cena de *O resgate do soldado Ryan*. Quantos cristãos leram com cuidado as passagens

---

* ROBERTS, Maurice. *The Thought of God*. Edinburgh: Banner of Truth, 1994.

sobre o escudo da fé e o capacete da salvação e nunca souberam de fato o que fazer com elas? "Que bela imagem poética; me pergunto então, qual será o significado disso." Isso significa que Deus lhe deu uma armadura e é melhor você colocá-la. Todos os dias. Este equipamento está realmente lá, no reino espiritual e invisível. Nós não o vemos, mas os anjos e nossos inimigos veem. Comece simplesmente orando pela passagem em Efésios 6:13-18, como se estivesse se preparando para a arena:

> Por isso, vistam toda a armadura de Deus, para que possam resistir no dia mau e permanecer inabaláveis, depois de terem feito tudo. Assim, mantenham-se firmes, cingindo-se com o cinto da verdade...

Senhor, eu coloco o cinto da verdade. Eu escolho um estilo de vida de honestidade e integridade. Mostra-me as verdades de que tanto necessito hoje. Expõe as mentiras que nem estou ciente de acreditar.

... *vestindo a couraça da justiça...*

E, sim, Senhor, eu visto tua justiça hoje contra toda condenação e corrupção. Agracie-me com tua santidade e pureza – defenda-me de todos os ataques contra o meu coração.

... *e tendo os pés calçados com a prontidão do evangelho da paz...*

Eu escolho viver para o evangelho a qualquer momento. Mostra--me onde a história maior está se desenrolando e não permitas que eu seja tão negligente a ponto de achar que a coisa mais importante de hoje são as novelas deste mundo.

... Além disso, usem o escudo da fé, com o qual vocês poderão apagar todas as setas inflamadas do Maligno...

Jesus, eu me levanto contra toda mentira e todo ataque à confiança de que tu és bom, e de que tens algo bom reservado para mim. Nada que venha hoje pode me vencer, porque tu estás comigo.

... Usem o capacete da salvação...

Obrigado, Senhor, pela minha salvação. Eu a recebo de uma forma nova e renovada, e declaro que nada pode me separar agora do amor de Cristo e do lugar que terei para sempre em teu reino.

... e a espada do Espírito, que é a palavra de Deus...

Espírito Santo, mostra-me especificamente hoje as verdades da Palavra de Deus de que eu precisarei para combater os ataques e as ciladas do Inimigo. Traze-as à minha mente ao longo do dia.

... Orem no Espírito em todas as ocasiões, com toda oração e súplica; tendo isso em mente, estejam atentos e perseverem na oração por todos os santos.

Por fim, Espírito Santo, eu concordo em acompanhar o teu passo em tudo, em toda oração, enquanto meu espírito comunga contigo durante todo o dia.

E nós andamos na autoridade de Cristo. Não ataque com raiva, não ande emproado com orgulho. Você será apanhado. Adoro a cena de *A Máscara do Zorro* (1998) em que o velho mestre espadachim salva seu jovem aprendiz – que naquele momento estava bêbado demais – de partir para cima de seu inimigo. "Você teria lutado bravamente", diz ele, "e morrido rapidamente." Toda autoridade no céu e na terra foi dada a Jesus Cristo (Mateus 28:18). Ele nos diz isso antes de nos dar a Grande Comissão, a ordem de avanço do seu reino. Por quê? Nós nunca fizemos a conexão. A razão é que, se você for servir o Verdadeiro Rei, vai precisar da autoridade dele. Não ousamos desafiar anjo nenhum, muito menos um caído, em nossa própria força. É por isso que Cristo estende sua autoridade a nós, "e, por estarem nele, que é o Cabeça de todo poder e autoridade, vocês receberam a plenitude" (Colossenses 2:10). Repreenda o Inimigo em seu próprio nome e ele irá rir; ordene-o em nome de Cristo e ele fugirá.

Mais uma coisa: nem pense em ir para a batalha sozinho. Nem sequer tente trilhar a jornada masculina sem ao menos um homem ao seu lado. Sim, há momentos em que um homem deve enfrentar a batalha sozinho, nas primeiras horas da manhã, e lutar com tudo que tem. Mas não faça disso um estilo de vida de isolamento. Este pode ser nosso ponto mais fraco, como salienta David Smith, em *The Friendless American Male*[*] [O homem norte-americano sem amigos]: "Um problema sério é a condição sem amigos dos homens norte-americanos em geral. Os homens acham difícil aceitar que precisam da comunhão com outros homens." Graças ao movimento dos homens, a igreja entende agora que um homem precisa de outros, mas o que oferecemos é outra solução bidimensional: grupos ou parceiros de "prestação de contas". Eca. Isso soa tão antiga aliança: "Você é realmente um tolo e está só esperando para correr *pro* pecado, então é melhor a gente colocar um guarda do seu lado *pra te* manter na linha."

---

[*] SMITH, David W. *The Friendless American Male*. [s.l.]: Gospel Light, 1983.

Nós não precisamos de grupos de prestação de contas; precisamos de companheiros guerreiros, alguém ao lado de quem lutar, alguém para vigiar nossas costas. Um jovem simplesmente me parou na rua para dizer: "Eu me sinto cercado por inimigos e estou completamente sozinho." Toda a crise atual na masculinidade chegou porque não temos mais uma cultura guerreira, um lugar para os homens aprenderem a lutar como homens. Não precisamos de uma reunião de "Caras Realmente Legaizinhos"; precisamos de uma reunião de "Homens Realmente Perigosos". É *disso* que precisamos. Eu penso em Henrique V, em Azincourt. Seu exército foi reduzido a um pequeno grupo de homens cansados e esgotados; muitos deles estão feridos. Eles estão em desvantagem de cinco para um. Mas Henrique convoca os soldados para o seu lado enquanto relembra-os que não são mercenários, mas um "bando de irmãos".

> Nós, poucos; nós, os poucos felizardos, somos um bando de irmãos;
> Pois quem hoje comigo seu sangue derramar,
> Ficará sendo meu irmão...
> E os cavalheiros na Inglaterra, confinados à cama,
> Julgar-se-ão malditos por não terem estado aqui;
> E terão por barata a própria masculinidade quando alguém falar
> Que combateu conosco.*

Sim, precisamos de homens a quem possamos desnudar nossa alma. Mas isso não vai acontecer com um grupo de caras em quem você não confia, caras que não estão de fato dispostos a lutar com você. É uma verdade de longa data que não há grupo de

---

* SHAKESPEARE, William. *Henrique V*. [s.l.]: Signet, 1998.

homens mais dedicados do que aqueles que lutaram ao lado uns dos outros, os homens do seu esquadrão, os caras na sua trincheira. Nunca será um grupo grande, mas não precisamos de um grupo grande. Precisamos de um bando de irmãos dispostos a "seu sangue derramar" conosco.

FERIDAS DE HONRA

Um aviso antes de sairmos deste capítulo: você será ferido. Só porque esta batalha é espiritual não significa que não seja real; ela é, e as feridas que um homem pode receber nela são, de certa forma, mais feias do que as que surgem em um tiroteio. Perder uma perna não é nada comparado a perder o ânimo; ficar aleijado por estilhaços talvez não vá destruir sua alma, mas ficar aleijado pela vergonha e pela culpa vai. Você será ferido pelo Inimigo. Ele conhece as feridas do seu passado, e ele tentará feri-lo novamente no mesmo lugar. Mas essas feridas são diferentes; estas são feridas de honra. Como disse Rick Joyner: "É uma honra ser ferido a serviço do Senhor."

Uma noite dessas, Blaine estava me mostrando suas cicatrizes, à mesa do jantar. "Esta Samuel jogou uma pedra e me acertou bem na testa. E esta foi no Tetons, quando eu caí naquele tronco afiado. Não lembro de quando foi esta... ah, esta é boa: foi de quando eu caí na lagoa perseguindo Luke. Esta outra é bem velha, eu queimei a perna na lareira do acampamento." Ele tem orgulho de suas cicatrizes; elas são distintivos de honra para um menino... e para um homem. Nós não temos agora nenhum equivalente de um Coração Púrpura[*] na guerra espiritual, mas teremos. Um dos momentos mais nobres que nos aguardam virá na Festa das Bodas do Cordeiro. Nosso Senhor se levantará e começará a chamar os

---

[*] Uma das mais reconhecidas e respeitadas condecorações militares dos Estados Unidos. [N. do T.]

que foram feridos em batalha por amor de seu nome, e eles serão honrados, sua coragem será recompensada. Eu penso na fala de Henrique V para seus homens:

> Aquele que sobreviver a este dia, e chegar a salvo no lar,
> Erguerá com orgulho a cabeça quando o dia for pronunciado,
> E se animará ao nome de Crispiniano...
> Então ele arregaçará a manga e mostrará as cicatrizes,
> E dirá: "Estas feridas ganhei no dia de São Crispim."
> Os velhos esquecem. Embora tudo mais seja esquecido,
> Ele se lembrará com minúcias das proezas feitas neste dia.
> Então nossos nomes...
> No encher de seus copos, serão invocados à memória.

"O Reino dos céus é tomado à força", disse Jesus, "e os que usam de força se apoderam dele" (Mateus 11:12). Isso é uma coisa boa ou ruim? Espero que, a essa altura, você veja a profunda e santa bondade da agressividade masculina e que isso o ajude a entender o que Cristo está dizendo. Compare isso com: "O reino dos céus está aberto aos homens passivos e fracos, que entram nele deitados no sofá, assistindo à TV." Viver no reino de Deus, Jesus diz, vai demandar cada gota de paixão e força que você tiver. As coisas vão ficar ferozes; é por isso que você recebeu um coração feroz. Amo a imagem desse versículo que John Bunyan, em *O Peregrino*, nos deu:

> Intérprete então lhe tomou a mão e o levou até a porta do castelo, e eis que, à porta, havia um grande ajuntamento de homens, todos desejosos de entrar. Nenhum deles, porém, ousava fazê-lo. Ali também estava sentado

um homem, a pouca distância da porta, ao lado de uma mesinha, e sobre esta se via um tinteiro e um livro, no qual ele anotava o nome daquele que haveria de entrar. Cristão viu também que no vão da porta havia muitos homens que, trajando armaduras, barravam a passagem, determinados a fazer todo dano e mal que pudessem àquele que tentasse entrar. Cristão ficou ali absorto. Por fim, quando todos começaram a recuar com medo dos homens armados, Cristão viu um homem de semblante bem resoluto aproximar-se do que estava sentado escrevendo e disse:

— Anote o meu nome, senhor.

Viu então que o homem desembainhava a espada e colocava um capacete na cabeça, avançando rumo à porta, contra os homens armados, que sobre ele caíram com força mortal. O homem, porém, não se deixou esmorecer e, mesmo caído, golpeava e talhava ferozmente. Assim, depois de ser ferido e ferir muitos homens que tentavam evitar sua entrada, conseguiu abrir caminho em meio a todos eles, entrando no palácio.*

Se eu puder insistir que você tente uma coisa que mudaria sua vida espiritual de forma perceptível, por favor, faça "A oração diária" que incluí no apêndice. Eu desenvolvi esta oração ao longo dos anos, enquanto aprendia mais sobre como tomar meu lugar em Cristo todos os dias e como acabar com os ataques contra mim. Provou-se MUITO poderosa, não só para mim, mas para inúmeros homens que agora a tornaram parte de sua vida.

---

* BUNYAN, John. *O Peregrino*. São Paulo: Mundo Cristão, 2012.

CAPÍTULO 10

A BELA A SER RESGATADA

A beleza não é apenas uma coisa terrível, é também uma coisa misteriosa. Deus e o Diabo lutam por maestria nela, e o campo de batalha é o coração dos homens.

FIÓDOR DOSTOIÉVSKI[*]

Você ficará feliz todas as noites
Por havê-la tratado bem.

GEORGE THOROGOOD, *Treat Her Right* [Trate-a bem][**]

Caubói, me leve daqui
Para mais perto do céu e mais perto de você.

DIXIE CHICKS, *Cowboy Take Me Away*[***]

---

[*] *Os Irmãos Karamazov*. [N. do T.]
[**] Letra de Roy Head e Gene Kurtz.
[***] © 1999 por Martie Seidel e Marcus Hummon.

Era uma vez (como começa a história), uma linda donzela, completamente encantadora. Ela pode ser filha de um rei ou uma criada comum, mas sabemos que é uma princesa no coração. Ela é jovem com uma juventude que parece eterna. Os cabelos esvoaçando, os olhos profundos, os lábios voluptuosos, o contorno esculpido: ela faz a rosa corar de vergonha; o sol fica pálido quando comparado à sua luz. Seu coração é de ouro, seu amor é certeiro como uma flecha. Mas esta bela donzela está inacessível, prisioneira de um poder maligno que a mantém cativa em uma torre escura. Somente um campeão a ganhará; somente o guerreiro mais valente, ousado e corajoso tem chance de libertá-la. Contra toda a esperança, ele vem; com coragem astuta e bruta, ele ataca a torre e o sinistro que a detém. Muito sangue é derramado dos dois lados; por três vezes o cavaleiro é repelido, mas por três vezes ele volta a se levantar. Por fim, o feiticeiro é derrotado; o dragão é abatido, o gigante é liquidado. A donzela é sua; ele, por seu valor, conquistou-lhe o coração. Nos lombos de um corcel, cavalgam até sua casinha à beira de um riacho na floresta, para um momento inebriante, dando novo significado à "paixão" e ao "romance".

Por que essa história está tão aprofundada em nossa psique? Toda menina conhece a fábula mesmo sem nunca lhe ter sido contada. Ela sonha que um dia seu príncipe virá. Os meninos ensaiam a parte deles com espada de madeira e escudo de papelão. E, um dia, o garoto, agora um jovem homem, percebe que quer ser aquele que ganhará a bela. Contos de fadas, literatura, música e filmes, todos pegam emprestado este tema mítico. A Bela Adormecida, Cinderela, Helena de Troia, Romeu e Julieta, Antônio e Cleópatra, Arthur e Guinevere, Tristão e Isolda. De antigas fábulas aos mais recentes sucessos de bilheteria, o tema de um homem forte vindo para resgatar uma mulher bonita é universal na natureza humana. Está escrito em nosso coração, é um dos principais desejos de todo homem e de toda mulher.

Eu conheci Stasi no ensino médio, mas somente no final da faculdade nosso romance começou. Até aquele ponto, nós éramos só amigos. Quando um de nós ia para casa, no fim de semana, ligávamos para o outro, convidando para sair: assistir a um filme, ir a uma festa. Então, em uma noite de verão, algo mudou. Eu passei para ver Stasi; ela veio andando despreocupadamente, pés descalços, calça jeans e uma camisa branca com gola de renda e os primeiros botões abertos. O sol iluminou-lhe os cabelos e escureceu-lhe a pele e – como é que eu nunca percebi antes que ela era a bela donzela? – Nós nos beijamos naquela noite, e embora eu já houvesse beijado algumas garotas até aquele momento, nunca experimentei um beijo como aquele. Aí já era. Nossa amizade se transformou em amor sem que eu realmente soubesse como ou por que, só sabia que queria passar o resto da vida com aquela mulher. Quanto à Stasi, eu era seu cavaleiro.

Por que dez anos depois eu me perguntava se ainda queria continuar casado com ela? O divórcio parecia uma opção razoável para nós dois. Muitos casais acordam um dia e descobrem que não se amam mais. Por que a maioria de nós se perde em algum ponto entre o "era uma vez" e o "felizes para sempre"? A maioria dos romances apaixonados parece acabar em noites em frente à TV. Por que o sonho parece tão inatingível, sumindo da vista quando ainda o estamos descobrindo? Nossa cultura tornou-se cética quanto à fábula. Don Henley diz: "Fomos envenenados por esses contos de fadas". Há dezenas de livros que refutam o mito, títulos como *Beyond Cinderella* [Além de Cinderela] e *The Death of Cinderella* [A morte de Cinderela].

Não, nós não fomos envenenados por contos de fadas e eles não são meros "mitos"! Longe disso. A verdade é que não os levamos suficientemente a sério. Como diz Roland Hein: "Mitos são histórias que nos confrontam com algo transcendente e eterno." No caso de nossa bela donzela, negligenciamos dois aspectos cruciais a esse mito. De um lado, nenhum de nós jamais acreditou que o feiticeiro fosse real. Achamos que conseguiríamos ter a donzela sem lutar. Honestamente, a maioria de nós, os caras, achava que nossa maior batalha seria chamá-la para sair. E, de outro lado, não entendemos a torre e que relação teria com a ferida dela; a donzela está em perigo. Se a masculinidade foi atacada, a feminilidade foi brutalizada. Eva é a coroa da criação, lembra? Ela incorpora a extraordinária beleza e o mistério exótico de Deus de uma forma que nada mais em toda a criação, nem de longe, o faz. E, assim, ela é o alvo especial do Maligno; ele vira sua maldade mais cruel contra ela. Se ele consegue destruí-la ou mantê-la em cativeiro, ele consegue arruinar a história.

A FERIDA DE EVA

Toda mulher pode lhe contar sobre a própria ferida; algumas vieram pela violência, outras vieram pela negligência. Do mesmo modo que todo menino tem uma pergunta, toda menina também tem a sua. Mas a pergunta dela não é tanto sobre sua força. Não, o clamor profundo do coração de uma menininha é: Eu sou amável? Toda mulher precisa saber que é extraordinária e primorosa e *escolhida*. Isso é essencial para sua identidade, a maneira como carrega a imagem de Deus. *Você virá atrás de mim para me conquistar? Você tem prazer em mim? Vai lutar por mim?* E, como todo garotinho, ela também foi ferida. A ferida atinge bem o centro de seu coração de bela e deixa uma mensagem devastadora: "Não. Você não é bonita e ninguém vai lutar por você de verdade." Como a ferida dele, a dela quase sempre vem pela mão do pai.

Uma menina olha para o pai para saber se ela é amável. O poder que ele tem para aleijar ou abençoar é tão significativo para ela quanto o é para o filho. Se é um homem violento, ele pode denegri-la verbal ou sexualmente. As histórias que ouvi de mulheres que foram abusadas despedaçariam seu coração. Janet foi molestada pelo pai quando tinha três anos; por volta dos sete anos, ele mostrou aos irmãos dela como fazê-lo. O ataque continuou até ela se mudar, por conta da faculdade. O que uma mulher violentada pode pensar da própria beleza? *Eu sou amável?* A mensagem é: "Não... você é suja. Qualquer coisa atraente em você é sombria e maligna." O ataque continua enquanto ela cresce, vindo de homens violentos e homens passivos. Ela talvez seja perseguida como uma presa; talvez seja ignorada. De ambos os modos, seu coração é violentado e a mensagem vai ainda adiante: "Você não é desejada; você não será protegida; ninguém vai lutar por você." A torre é construída tijolo por tijolo e, quando ela for uma mulher adulta, poderá já ser uma fortaleza.

Se o pai for passivo, a menina sofrerá um abandono silencioso. Stasi se lembra de brincar de esconde-esconde pela casa quando tinha cinco ou seis anos. Ela encontrava um lugar perfeito onde se enfiar, cheia de antecipação animada da busca que viria. Aconchegada em um guarda-roupa, ela esperava que alguém a procurasse. Ninguém jamais procurou; nem mesmo depois de ela ficar sumida por uma hora. Essa imagem se tornou a figura definidora de sua vida. "Ninguém percebeu; ninguém buscou por mim." A mais nova da família, Stasi parecia haver se perdido na confusão. O pai viajava muito e, quando estava em casa, passava a maior parte do tempo em frente à TV. O irmão e a irmã mais velhos foram adolescentes problemáticos. Stasi recebeu a mensagem: "Só não seja um problema; nós já temos muito do que cuidar." Então, ela escondeu um pouco mais: escondeu seus desejos, escondeu seus sonhos, escondeu seu coração. Às vezes, ela fingia estar doente só para conseguir uma ou duas gotinhas de atenção.

Como tantas jovens não amadas, Stasi voltou-se para os garotos em busca de ouvir o que ela nunca ouvira do pai. Seu namorado de ensino médio traiu-a na noite do baile de formatura. Disse que a estava usando e, na verdade, amava outra pessoa. O homem que ela namorou na faculdade tornou-se verbalmente abusivo. Mas, quando uma mulher nunca ouve que é digna de que lutem por ela, passa a acreditar que esse é o tipo de tratamento que ela merece. É uma forma de atenção, de uma maneira distorcida; talvez seja melhor que nada. Então, nós nos apaixonamos naquela mágica noite de verão. Mas Stasi casou-se com um homem apavorado, obsessivamente determinado, que tinha um caso amoroso com seu trabalho porque não arriscaria se envolver com uma mulher para a qual sentisse não ser suficiente. Eu não era mau; não era perverso. Eu era legalzinho. E deixe-me dizer, um homem hesitante é a última coisa no mundo de que uma mulher precisa. Ela precisa de um amante e um guerreiro, não um "Cara Realmente Legalzinho". O pior medo dela se realizou: "Eu nunca serei realmente amada, nunca lutarão realmente por mim." E, assim, ela se escondeu um pouco mais.

Anos em nosso casamento, eu me vi surpreendido por tudo isso. *Onde está aquela bela que eu vi uma vez? O que aconteceu com a mulher por quem me apaixonei?* Eu não esperava, de fato, uma resposta à minha pergunta; era mais um grito de raiva do que um clamor de desespero. Mas Jesus me respondeu mesmo assim: "Ela ainda está lá; mas está cativa. Você está disposto a ir atrás dela?" Percebi que eu havia, como tantos homens, casado procurando segurança. Casei com uma mulher que achei que nunca me desafiaria como homem. Stasi me adorava; o que mais eu precisava fazer? Eu queria parecer o cavaleiro, mas não queria sangrar como tal. Eu estava profundamente enganado sobre o arranjo todo. Eu não sabia sobre a torre, ou o dragão ou a finalidade da minha força. O problema número um entre o homem e sua mulher é que nós, homens, quando somos convidados a lutar de verdade por ela... hesitamos. Ainda estamos procurando nos salvar; esquecemo-nos do profundo prazer de derramar nossa vida pelo outro.

OFERECENDO NOSSA FORÇA

Há três coisas que são maravilhosas demais para mim,
sim, há quatro que não entendo:
o caminho da águia no céu,
o caminho da cobra na penha,

o caminho do navio no meio do mar
e o caminho do homem com uma donzela.

(PROVÉRBIOS 30:18,19, ARA)

Agur, filho de Jaque, constatou algo aqui. Há algo mítico na maneira como um homem porta-se com uma mulher. Nossa sexualidade oferece uma parábola de surpreendente profundidade quando se trata de ser masculino e feminino. O homem vem oferecer sua força e a mulher convida o homem para dentro de si mesma, um ato que requer coragem, vulnerabilidade e abnegação da parte de ambos. Note que, primeiro, se o homem não estiver à altura do desafio da ocasião, nada acontecerá. Ele deve obrigatoriamente se mover; sua força deve se inflar antes que ele possa entrar nela. Mas o amor tampouco se consumará a menos que a mulher se abra em uma vulnerabilidade impressionante. Quando ambos estão vivendo como deveriam viver, o homem entra em sua mulher e lhe oferece sua força. Ele *derrama a si mesmo ali*, nela, por ela; ela o recebe, abraça-o e o envolve. Quando tudo está consumado, ele está exausto por se gastar; mas, ah...! Que morte doce é essa.

E é assim que a vida é criada. A beleza de uma mulher desperta um homem para desempenhar o papel de homem; a força de um homem, oferecida com ternura à sua mulher, permite que ela seja bela; isso traz vida a ela e a muitos. Vai muito além de sexo e orgasmo. É uma realidade que se estende a todos os aspectos de nossa vida. Quando um homem retém a si mesmo de sua mulher, ele a deixa sem a vida que só ele pode trazer. Isso nunca é mais verdadeiro do que no modo como um homem oferece – ou não oferece – suas palavras. Vida e morte estão no poder da língua, diz Provérbios 18:21. A mulher é feita para as palavras dele e almeja-as intensamente. Eu acabei de subir as escadas para pegar um copo de água na cozinha; Stasi estava lá fazendo biscoitos de Natal. O lugar estava uma bagunça e, para ser honesto, ela também, coberta de farinha e com umas pantufas velhas. Mas havia algo em seus olhos, algo suave e terno, e eu lhe disse:

— Você está linda.

A tensão em seus ombros cedeu; algo brilhou em seu espírito; ela suspirou e sorriu:

— Obrigada — respondeu, quase timidamente.

Se o homem se recusar a oferecer a si mesmo, sua esposa permanecerá vazia e estéril. Um homem violento a destrói com as palavras; um homem silencioso mata a esposa de fome.

— Ela está murchando — confessou-me um amigo recém-casado, falando da esposa.

— Se ela está murchando, então você está retendo alguma coisa — disse eu.

Na verdade, eram várias coisas: suas palavras, seu toque, mas principalmente seu *deleite*. Há tantas outras maneiras como isso acontece na vida. Um homem que deixa a esposa com as crianças e as contas para pagar e se vai ficar com outra, negou-lhes sua força. Ele os sacrificou quando deveria ter sacrificado sua força *por* eles. O que torna Maximus ou William Wallace tão heroicos é simplesmente isto: eles estão dispostos a morrer para que os outros sejam livres.

Esse tipo de heroísmo é o que vemos na vida de José, marido de Maria e padrasto de Jesus Cristo. Eu acho que não apreciamos plenamente o que ele fez por eles. Maria, uma jovem, quase uma menina, que estava noiva, fica grávida e tem uma história bem louca: "Estou carregando o Filho de Deus." A situação é escandalosa. O que José estaria pensando? Como estaria se sentindo?

Ferido, confuso, traído, sem dúvida. Mas ele é um homem bom; ele não vai mandar apedrejá-la, simplesmente pretende "anular o casamento secretamente" (Mateus 1:19).

Um anjo lhe vem em sonho (mostrando o que, às vezes, é necessário para que um homem bom faça a coisa certa) para convencê-lo de que Maria está dizendo a verdade e que ele deve seguir com o casamento. Isso vai lhe custar. Você sabe o que ele terá de suportar caso se case com uma mulher que toda a comunidade acha que é adúltera? Ele será rejeitado por seus parceiros de negócios e pela maioria de seus clientes; ele certamente perderá sua posição na sociedade e talvez até mesmo seu lugar na sinagoga. Para ver a dor que ele está para experimentar, observe o insulto que as multidões usarão, mais tarde, contra Jesus. "Não é este o filho de José e Maria?", dizem com um sorriso de escárnio, uma cutucada e uma piscadela. Em outras palavras: Sabemos quem você é, o filho bastardo daquela vagabunda e do tolo carpinteiro. José pagará muito por essa decisão. Ele se preserva? Não, ele oferece à Maria sua força; ele se posta entre ela e toda aquela bagunça e leva bem no queixo. Ele se gasta por ela.

"Eles serão chamados carvalhos de justiça" (Isaías 61:3). Lá, sob a sombra da força de um homem, uma mulher encontra descanso. A jornada masculina leva um homem para longe da mulher *para que ele possa voltar a ela*. Ele vai encontrar sua força e retorna para oferecê-la. Ele, com suas palavras e ações, manda abaixo as paredes da torre que a detinha. Ele responde à pergunta mais profunda do coração dela de mil maneiras. "Sim, você é linda. Sim, há alguém que vai lutar por você." Mas, como a maioria dos homens ainda não lutou a batalha, a maioria das mulheres ainda está na própria torre.

USAR A BELA

A maioria dos homens quer a donzela sem nenhum tipo de custo para si. Eles querem todas as alegrias da beleza sem nenhum dos infortúnios da batalha. Essa é a natureza sinistra da pornografia: desfrutar da mulher à custa dela. A pornografia é o que acontece quando um homem insiste em ser energizado por uma mulher; ele *a usa* para ter a sensação de que é homem. É uma força falsa, como eu já disse, porque depende de uma fonte externa em vez de emanar das profundezas de seu âmago. E é o paradigma do egoísmo. Ele não oferece nada e leva tudo. Nós somos alertados sobre esse tipo de homem na história de Judá e Tamar, uma história que, se não estivesse na Bíblia, você acharia que foi tirada diretamente de uma série de televisão.

Judá é o quarto filho a nascer para Jacó. Você talvez se lembre dele como aquele que veio com a ideia de vender o irmão José como escravo. Judá, por sua vez, tem três filhos. Quando o mais velho se torna homem, Judá encontra-lhe uma esposa, chamada Tamar. Por razões não totalmente explicadas a nós, o casamento deles tem uma duração curta. "Mas o SENHOR reprovou a conduta perversa de Er, filho mais velho de Judá, e por isso o matou" (Gênesis 38:7). Judá entrega seu segundo filho a Tamar, como era a lei e o costume da época. É responsabilidade de Onã ter filhos em nome do irmão; mas ele se recusa a fazer isso. Ele é um homem orgulhoso e egocêntrico que deixa o Senhor irado, que "por isso o matou também" (v. 10). Você está começando a pegar a ideia aqui: homens egoístas, uma mulher injustiçada, e o Senhor fica furioso.

Judá ainda tem um filho: Selá. O menino é o último de sua força e Judá não tem intenção de gastá-lo em favor de Tamar. Ele mente para Tamar dizendo-lhe que volte para casa que, quando Selá tiver idade suficiente, ele lhe dará como marido. Ele não o faz. O que se segue é difícil de acreditar, especialmente por considerarmos que Tamar é uma mulher justa. Ela se disfarça de prostituta e senta-se ao lado da estrada que Judá costumava usar. Ele faz sexo com ela (a usa), mas não tem como pagar. Tamar leva-lhe o selo, o cordão e o cajado como garantia. Mais tarde, vem a notícia de que Tamar está grávida; Judá fica cheio do que ele insiste ser uma indignação justa. Ele exige que ela seja queimada até a morte e, neste ponto, Tamar testemunha contra ele: "Veja se o senhor reconhece a quem pertencem este selo, este cordão e este cajado." Judá é apanhado. Ele mais do que os reconhece, ele percebe o que vem fazendo aquele tempo todo. "Ela é mais justa do que eu, pois eu devia tê-la entregue a meu filho Selá" (vv. 25,26).

Uma história sombria sobre o que acontece quando os homens recusam-se egoisticamente a gastar sua força em favor da mulher. Mas a mesma coisa acontece de diversas maneiras. Mulheres bonitas suportam esse abuso o tempo todo. Elas são procuradas, mas não de verdade; elas são desejadas, mas apenas superficialmente. Elas aprendem a oferecer o corpo, mas nunca, jamais a alma. A maioria dos homens, veja bem, casa-se por segurança; ele escolhe uma mulher que o fará sentir-se homem, mas nunca o desafiará a ser um. Um jovem a quem admiro está dividido entre a mulher com quem está saindo e uma que ele conhecia, mas que não conseguiu ganhar anos atrás. Rachel, a mulher com quem ele namora atualmente, está demandando muito dele; verdade seja dita, ele sente que é algo muito além de suas capacidades. Julie, a mulher que ele não conquistou, parece mais idílica; em sua imaginação, ela seria a companheira perfeita. A vida com Rachel é tumultuada; a vida com Julie parece calma e tranquila. "Você quer as Bahamas?", perguntei eu. "Rachel é o Atlântico Norte. Qual delas requer um homem de verdade?" Em uma reviravolta brilhante, Deus transforma nosso esquema para obter segurança e exige que sejamos homem.

Por que os homens não oferecem o que têm para a mulher? Porque sabemos em nossas entranhas que não será suficiente. Há um vazio em Eva após a Queda, e não importa o quanto você se derrame nela, ela nunca será preenchida. É aqui que muitos homens vacilam. Ou eles se recusam a dar o que podem, ou continuam se derramando e se derramando nela e, o tempo todo, sentindo-se um fracasso, porque ela ainda precisa de mais. "Há três coisas que nunca estão satisfeitas", adverte Agur, filho de Jaque, "quatro que nunca dizem: 'É o bastante!': o Sheol, o ventre estéril, a terra, cuja sede nunca se aplaca, e o fogo, que nunca diz: 'É o bastante!'" (Provérbios 30:15,16). Você nunca pode esperar satisfazer a esterilidade de Eva. Ela precisa de Deus mais do que precisa de você, assim como você precisa dele mais do que precisa dela.

Então, o que você faz? Oferece o que tem.

— Receio que não funcione — disse-me um cliente, quando lhe sugeri que voltasse a tentar uma aproximação da esposa. — Ela já desistiu de encontrar apoio em mim — confessou —, e isso é bom.

— Não é não — disse eu. — Isso é horrível.

Ele estava indo a uma reunião de família, no leste, e eu lhe sugeri que levasse a esposa consigo, tirasse umas férias para os dois.

— Você precisa dar um passo buscando uma aproximação dela.

— E se não funcionar? — perguntou ele.

Muitos homens estão fazendo a mesma pergunta: Ter o trabalho para quê? Validar você como homem? Ressuscitar o coração em um dia? Será que você vê agora que não pode levar a sua pergunta para Eva? Não importa quão bom você seja, você nunca será o bastante. Se ela é o boletim de sua força, você acabará tendo um zero. Mas não é para isso que você a ama, para obter uma boa nota. Você a ama porque é para isso que você foi feito; é isso que um homem de verdade faz.

EVA PARA ADÃO

Minha amiga Jan* diz que uma mulher vivendo seu verdadeiro desígnio será "valente, vulnerável e escandalosa". Eis uma diferença berrante das "senhorinhas da igreja" que temos como modelo de feminilidade cristã, aquelas mulheres ocupadas, cansadas e rígidas, que reduziram seu coração a uns poucos desejos moderados e fingem que tudo está indo muito bem. Compare a feminilidade delas com a das mulheres mencionadas na genealogia de Jesus. Em uma lista que é quase toda de homens, Mateus cita estas mulheres: Tamar, Raabe, Rute e a "mulher de Urias" (1:3,5,6; e Maria, no v. 16). O fato de Bate-Seba não ter o nome citado fala do desapontamento de Deus com ela, e de seu deleite com as mulheres às quais são citadas em um elenco que, de outro modo, teria só homens. Tamar, Raabe e Rute... Uau; isso lhe abrirá novos horizontes de "feminilidade bíblica".

Tamar agora já conhecemos. Raabe está no "*hall* da fama da fé", em Hebreus 11, por cometer traição. Isso mesmo: ela escondeu os espiões que foram dar uma olhada em Jericó antes da batalha. Eu nunca ouvi de um grupo de mulher estudando Tamar ou Raabe. Mas, e quanto à Rute? Ela é frequentemente apresentada como modelo nos estudos e retiros de mulheres, mas não no

---

* Provavelmente Janice Meyers, em *The Allure of Hope*. [N. do T.]

modo como Deus a apresenta. O livro de Rute é dedicado a uma pergunta: Como uma boa mulher ajuda seu homem a desempenhar o papel de homem? Resposta: Ela o inspira. Ela usa tudo o que tem como mulher para despertá-lo para ser homem. Rute, como você se recorda, é nora de uma mulher de Judá chamada Noemi. Ambas perderam o marido e estão em uma péssima situação: elas não têm nenhum homem cuidando delas, seu status financeiro está abaixo da linha da pobreza, e elas estão vulneráveis de muitas outras maneiras também. As coisas começam a dar sinais de melhora quando Rute atrai a atenção de um solteiro rico chamado Boaz. Ele é um bom homem, isso nós sabemos. Ele lhe oferece alguma proteção e um pouco de comida. Mas Boaz não dá a Rute o que ela realmente precisa: uma aliança no dedo.

Então, o que Rute faz? Ela o "inspira". Eis a cena: os homens trabalharam do amanhecer ao anoitecer trazendo a colheita da cevada; eles acabaram de terminar e agora é hora da festa. Rute toma banho de espuma, põe um vestido de parar o quarteirão, depois espera pelo momento certo. O momento, por acaso, é tarde da noite, depois que Boaz acabou a comemoração: "Quando Boaz terminou de comer e beber, ficou alegre e foi deitar-se perto do monte de grãos. Rute aproximou-se sem ser notada, descobriu os pés dele, e deitou-se" (Rute 3:7). Observe a expressão bondosa: "ficou alegre". Podemos concluir que isso foi resultado do vinho na festa.

Não há possibilidade de leitura desta passagem que seja "segura" ou "bonitinha". Sim, tem gente que vai tentar dizer que era perfeitamente comum, "naquela cultura", uma mulher solteira linda se aproximar de um homem solteiro (que havia bebido demais), no meio da noite, sem ninguém por perto (do outro lado da pilha de grãos), e ir se enfiando debaixo das cobertas. É o mesmo povo que vai dizer que o Cântico de Salomão nada mais é do que uma "metáfora teológica referindo-se a Cristo e sua noiva". Pergunta o que eles fazem com passagens como "seu porte é como o da palmeira, e os seus seios como cachos de frutos. Eu disse: Subirei a palmeira e me apossarei dos seus frutos" (Cântico dos Cânticos 7:7,8). *Tá* falando de um estudo bíblico, né?

Não, eu não acho que Rute e Boaz fizeram sexo naquela noite; não acho que tenha acontecido nada inapropriado. Mas também não foi um almoço comunitário na igreja. Estou dizendo que a igreja realmente aleijou as mulheres, dizendo-lhes que a beleza delas é vã e que elas estão no ápice de sua feminilidade quando estão "servindo aos outros". Uma mulher está no seu melhor quando está sendo mulher. Boaz precisa de um empurrãozinho e Rute tinha algumas opções. Ela pode importuná-lo: "Você só trabalha, trabalha, trabalha. Por que você não se posiciona e age feito homem?" Ela pode reclamar: "Boaz, por favooooor, vai logo, casa comigo!" Ela pode emasculá-lo: "Pensei que você fosse um homem de verdade; acho que eu estava errada." Ou ela pode usar tudo o que é como mulher para fazer com que ele use tudo o que tem como homem. Ela pode despertá-lo, inspirá-lo, energizá-lo... seduzi-lo. Pergunte ao seu marido o que ele prefere.

É UMA BATALHA

"Você vai lutar por ela?" Essa foi a pergunta que Jesus me fez há muitos anos, pouco antes de nosso décimo aniversário, bem quando eu me perguntava o que havia acontecido com a mulher com quem eu me casara. "Você está em cima do muro, John", ele disse. "Vai entrar ou pular fora?" Eu sabia o que ele estava dizendo: "Pare de ser um cara legalzinho e aja como um guerreiro. Aja como homem." Eu dei flores a ela, levei-a para jantar e comecei a me voltar a ela em meu coração. Mas eu sabia que havia mais. Naquela noite, antes de irmos para a cama, eu orei por Stasi de uma forma como nunca havia orado por ela antes. Em voz alta, diante de todas as hostes celestiais, eu me coloquei entre ela e as forças das trevas que há tempos vinham contra ela. Sendo honesto, eu não sabia exatamente o que estava fazendo, só sabia que precisava enfrentar o dragão. O inferno todo foi solto. Tudo o que havíamos aprendido sobre guerra espiritual começou naquela noite. E sabe o que aconteceu? Stasi ficou livre; a torre de sua depressão cedeu quando comecei a lutar por ela.

E não foi uma vez só, mas de novo e de novo ao longo do tempo. É aí que o mito nos desafia. Alguns homens estão dispostos a entrar uma, duas ou até três vezes. Mas um guerreiro está nessa para sempre. Oswald Chambers pergunta: "Deus verteu a vida de seu Filho para que o mundo fosse salvo; estamos preparados para verter nossa vida?"* Daniel está no meio de uma batalha muito difícil e pouco promissora por sua esposa. Já somam-se anos sem muito progresso e sem muita esperança. Uma noite dessas, sentado em um restaurante com lágrimas nos olhos, ele me disse o seguinte: "Eu não vou a lugar nenhum. Este é o meu lugar na batalha. É nesta colina que eu morro." Ele chegou a um ponto em que todos nós devemos chegar, mais cedo ou mais tarde, quando não se trata mais de ganhar ou perder. A esposa dele pode responder e pode não responder. Essa não é mais a questão. O problema é simplesmente o seguinte: Que tipo de homem você quer ser? Maximus? Wallace? Ou Judá? Um jovem piloto da RAF escreveu pouco antes de cair, em 1940: "O universo é tão vasto e tão pere-

---

* CHAMBERS. Op. cit.

ne que a vida de um homem só pode ser justificada pela medida de seu sacrifício."

Enquanto escrevo este capítulo, Stasi e eu acabamos de voltar do casamento de um amigo. Foram as melhores núpcias a que qualquer um de nós já foi; uma história de amor maravilhosa, romântica e santa. O noivo era jovem, e forte, e valente; a noiva era sedutoramente linda. Justo o que tornou tudo aquilo tão excruciante para mim. Ah... Começar tudo de novo, fazer tudo do jeito certo, casar jovem sabendo o que sei agora. Eu poderia ter amado Stasi muito melhor; ela poderia ter me amado muito melhor também. Aprendemos todas as lições da maneira mais difícil ao longo de nossos dezoito anos. Qualquer sabedoria contida nestas páginas foi paga... bem paga. Além disso, Stasi e eu estávamos em um momento difícil, naquele final de semana; era apenas um foguinho. Satanás viu uma oportunidade e transformou-a em um fogaréu *sem uma palavra sequer entre nós*. Quando chegamos à recepção, eu não queria dançar com ela. Não queria nem estar no mesmo recinto. Toda a mágoa e a decepção dos anos – dela e meus – pareciam ser a única verdade sobre nosso casamento.

Só mais tarde eu ouvi o lado do roteiro de Stasi, mas, eis como os dois se encaixam. Stasi: "Ele está desapontado comigo. Não é de admirar. Olhe todas estas mulheres lindas. Eu me sinto gorda e feia." Eu: "Estou tão cansado de lutar pelo nosso casamento. Como eu gostaria que pudéssemos começar de novo. Não seria tão difícil, sabe. Existem outras opções. Olhe todas estas mulheres lindas." E isso veio e veio, como uma onda subjugando a costa. Sentado à mesa com um grupo de amigos, eu senti que ia sufocar; tive de sair dali, tomar um ar fresco. Verdade seja dita, quando saí da recepção, não tinha intenção de voltar. Eu acabaria em um bar em algum lugar ou voltaria para a frente da TV na sala de casa.

Felizmente, encontrei uma pequena biblioteca ao lado do salão de recepção. Sozinho naquele santuário, lutei contra tudo que eu vinha sentindo pelo que parecia uma hora (provavelmente foram uns vinte minutos). Peguei um livro, mas não consegui ler; tentei orar, mas não queria. Finalmente, algumas palavras começaram a surgir do meu coração:

> *Jesus, vem me salvar. Eu sei o que está acontecendo; sei que isso é um ataque. Mas agora tudo parece tão verdadeiro. Jesus, me liberta, me tira de debaixo dessa catarata. Fala comigo; resgata meu coração antes de eu fazer alguma coisa estúpida. Livra-me, Senhor.*

Devagar, quase imperceptivelmente, a onda começou a se retirar. Meus pensamentos e emoções se acalmaram para um tamanho mais normal. A clareza estava retornando. O foguinho era só um foguinho novamente. *Jesus, tu conheces a dor e a decepção no meu coração. O que queres que eu faça?* (O bar já não era uma opção, mas eu ainda planejava ir direto para minha sala e ficar ali o resto da noite.) "Eu quero que você volte lá e chame sua esposa para dançar." Eu sabia que ele estava certo; sabia que, em algum lugar lá no fundo, isso era o que meu verdadeiro coração iria querer fazer. Mas o desejo ainda parecia tão distante. Eu me demorei mais cinco minutos, esperando que ele tivesse outra opção para mim. Ele permaneceu em silêncio, mas o ataque passou e o fogaréu era só brasa. Uma vez mais, eu sabia que homem eu queria ser.

Voltei à recepção e convidei Stasi para dançar; pelas duas horas seguintes tivemos uma das melhores noites em muito tempo. Nós quase perdemos para o Maligno; em vez disso, aquela festa ficará na memória e compartilharemos com nossos amigos por muito, muito tempo.

CONCLUSÃO

Stasi me deu vários presentes maravilhosos ao longo dos anos, mas o do último Natal foi inesquecível. Nós havíamos terminado o frenesi desvairado, que os garotos chamam de desembrulhar presentes. Stasi escapuliu da sala com as palavras: "Feche os olhos... Eu tenho uma surpresa para você." Após um monte de farfalhar e cochichos, ela me disse que eu podia olhar. Diante de mim havia uma longa caixa retangular, no chão da sala da família. "Abra", disse ela. Eu removi o laço e levantei a tampa. Dentro havia uma claymore em tamanho real, uma larga espada escocesa, exatamente como a usada por William Wallace. Eu vinha procurando uma dessas há vários meses, mas Stasi não sabia disso. Isso não estava na minha lista de Natal. Ela fizera isso como uma visão de seu próprio coração, como um modo de me agradecer por lutar por ela.

Eis o que seu bilhete dizia:

> Porque você é um Coração Valente, lutando pelo coração de tantas pessoas... e especialmente pelo meu. Graças a você, eu conheço uma liberdade que nunca pensei ser possível. Feliz Natal.

CAPÍTULO 11

UMA AVENTURA PARA VIVER

Escuros e frios podemos estar, mas não é inverno agora.
A miséria congelada de séculos
Quebra, racha, começa a se mover;
O estrondo é o estrondo das banquisas,
O degelo, a inundação, a primavera oportunista.
Graças a Deus nosso tempo é agora, quando o errado
Surge para nos encarar em todos os lugares,
Nunca nos deixando, até que tomemos
O maior passo de alma que os homens já tomaram.*

CHRISTOPHER FRY

O lugar para onde Deus te chama é o lugar onde teu contentamento profundo e a profunda fome do mundo se encontram.

FREDERICK BUECHNER

---
* Do poema "A Sleep of Prisoners". [N. do T.]

Há um rio que serpenteia pelo sul do Oregon, descendo das Cordilheiras das Cascatas até a costa, cuja trajetória também atravessou minha infância, traçando um caminho na geografia de minha memória. Quando menino, passei muitos dias de verão no rio Rogue, pescando, nadando e colhendo amoras; mas, principalmente, pescando. Eu amava o nome que os caçadores franceses deram ao rio: "Scoundrel" [Patife]. Isso dava uma bênção travessa às minhas aventuras lá – eu era um malandro no Rogue*. Aqueles dias dourados da infância são algumas de minhas lembranças mais queridas, e no verão passado eu levei Stasi e os meninos lá, para compartilhar com eles um rio e uma época de minha vida. A parte baixa do Rogue corre por terras quentes e secas nos meses de verão, especialmente no final de julho, e estávamos ansiosos para passear de caiaque, como desculpa para ficarmos encharcados e encontrarmos uma aventurazinha nossa.

Há uma rocha que se projeta sobre aquele rio entre a pousada Morrison's Lodge e o acampamento Foster Bar. O cânion

---

* *Rogue* significa "malandro", em inglês. [N. do T.]

se estreita ali e o Rogue se aprofunda e pausa por um momento em sua corrida para o mar. Muros altos de rocha erguem-se de ambos os lados e, ao norte – o único lado que os barqueiros conseguem alcançar – está a Jumping Rock [Pedra de Pular]. Saltar do rochedo é um dos programas favoritos de nossa família, especialmente quando está quente e seco e a queda é longa o bastante para nos deixar sem fôlego ao entrarmos na água quente na superfície, e mergulharmos até o fundo, onde é escuro e frio, tão frio que nos faz voltar arfando para a superfície e para o sol. Jumping Rock fica empoleirada acima do rio, aproximadamente à altura de uma casa de dois andares e mais um pouco, alta o suficiente para você contar lentamente até cinco antes de atingir a água (mal dá uma contagem de dois saltando do trampolim alto em uma piscina comum). Há uma faculdade embutida no cérebro humano que faz com que todo penhasco pareça ter o dobro da altura quando se olha de cima para baixo e tudo em você diz: Nem pense nisso.

Então, você não pensa nisso, apenas se lança para o meio do desfiladeiro, e, assim, vai em queda livre pelo que parece ser tempo suficiente para recitar o Discurso de Gettysburg, e todos os seus sentidos ficam em alerta máximo enquanto você mergulha na água fria. Quando você volta, a multidão está comemorando e algo em você também está comemorando, porque *você conseguiu*. Nós todos pulamos naquele dia, primeiro eu, depois Stasi, Blaine, Sam e até Luke. Então, um cara enorme ia recuar quando teve uma visão de cima, mas ele teve de pular porque Luke pulou, e ele não conseguiria viver consigo mesmo sabendo que se acovardou quando uma criança de seis anos se atirou. Depois do primeiro salto, você tem de ir de novo, em parte porque você não consegue acreditar que fez aquilo e em parte porque o medo deu lugar à emoção de tal liberdade. Deixamos o sol nos aquecer de novo e depois... bomba na água.

Eu quero viver minha vida inteira assim. Quero amar com muito mais abnegação e parar de esperar que os outros me amem primeiro. Quero me atirar em um trabalho criativo digno de Deus. Quero invadir os campos de Bannockburn; seguir Pedro enquanto ele segue Cristo para o mar; orar como fruto do *desejo* verdadeiro de meu coração. Como disse o poeta George Chapman:

> Dá-me um espírito que, no mar agitado da vida,
> Gosta de ter suas velas enchidas com um vento vigoroso,
> Mesmo quando as vergas tremem, os mastros estalam,
> E sua embarcação, extasiada, corre com o lado tão abaixado,
> Que bebe a água e sua quilha ara o ar.

A vida não é um problema a ser resolvido; é uma aventura a ser vivida. Essa é a natureza dela e tem sido assim desde o princípio, quando Deus estabeleceu o cenário perigoso para este drama de alto risco e disse da empreitada toda: É boa. Deus equipou o mundo de um modo tal que ele só funciona quando abraçamos o *risco* como o tema de nossa vida; o que significa: somente funciona quando vivemos por fé. Um homem simplesmente não será feliz até que tenha aventura no trabalho, no amor e na vida espiritual.

FAZER A PERGUNTA CERTA

Há vários anos, eu folheava a introdução de um livro quando me deparei com uma frase que mudou minha vida. Deus é intimamente pessoal conosco e fala de maneiras peculiares ao nosso coração idiossincrático – não apenas por meio da Bíblia –, mas por intermédio de toda a criação. Com Stasi, ele fala por meio de filmes. Com Craig, ele fala por meio do *rock and roll* (ele me ligou outro dia, depois de ouvir *Running Through the Jungle*, para dizer que estava empolgadão em estudar a Bíblia). A palavra de Deus para mim vem de muitas maneiras – por um pôr do sol e por amigos, filmes e música, desertos e livros. Mas tem uma coisa especialmente engraçada comigo e os livros. Eu passeio dentro de um sebo, quando, dentre milhares de volumes, um deles diz: "Me pega." Exatamente como Agostinho, em *Confissões*: "*Tolle lege*", tome e leia. Como um grande pescador, Deus lançou sua mosca para esta truta. Na introdução do livro que se sobressaiu naquele dia, o autor Gil Bailie compartilhava um conselho que um mentor espiritual, Howard Thurman, lhe dera há uns anos:

Não pergunte a si mesmo do que o mundo precisa. Pergunte a si o que lhe faz ganhar vida, e faça isso, porque o que o mundo precisa é de pessoas que tenham ganhado vida.

Eu fiquei mudo. Para mim, podia ser a mula de Balaão. De repente, minha vida até aquele momento fez sentido de uma maneira doentia; percebi que estava vivendo um roteiro que outra pessoa escrevera para mim. Durante toda minha vida, eu vinha pedindo ao mundo que me dissesse o que fazer de mim mesmo. Isso é diferente de procurar conselho ou opinião; o que eu queria era liberdade da responsabilidade e, especialmente, liberdade do risco. Eu queria que outro alguém me dissesse quem eu devia ser. Graças a Deus não funcionou. Os roteiros que me deram eu, simplesmente, não conseguia me obrigar a desempenhar por muito tempo. Como a armadura de Saul, eles nunca serviam. Pode um mundo de posudos lhe dizer para fazer alguma coisa além de pose? Como disse Buechner, estamos em constante perigo de não sermos atores no drama de nossa vida, mas reatores, "ir aonde o mundo nos levar, ficar à deriva de qualquer corrente que, por acaso, esteja mais forte." Ao ler o conselho de Thurman a Bailie eu soube que era Deus falando comigo. Era um convite para sair de Ur. Eu baixei o livro sem virar outra página e saí daquela livraria para encontrar uma vida que valesse a pena.

Eu me candidatei a uma pós-graduação e fui aceito. Esse programa acabaria sendo muito mais do que um passo na carreira; da transformação que se deu, eu me tornei escritor, conselheiro e orador. Toda a trajetória de minha vida mudou e, com ela, a vida de muitas outras pessoas. Mas eu quase não fui. Veja bem, quando me candidatei à pós-graduação, eu não tinha um centavo para pagar por ela. Eu estava casado, com três filhos e uma hipoteca, e essa é a época em que a maioria dos homens abandona completamente seus sonhos e desiste de saltar de qualquer coisa. O risco parece grande demais. Além disso tudo, eu recebi uma ligação, por volta desse tempo, de uma empresa em Washington, D.C., oferecendo-me um emprego excelente com um salário incrível. Eu estaria em uma empresa de prestígio, frequentaria alguns círculos muito poderosos, ganharia muito dinheiro. Deus estava engrossando a trama, testando minha determinação. Ao final de uma estrada estava meu sonho e desejo (pelo qual eu não tinha como pagar) e um futuro absolutamente incerto depois disso; ao final da outra estava um passo confortável na escada do sucesso, uma decisão profissional muito óbvia e a perda total de minha alma.

Eu fui para as montanhas no fim de semana, para ordenar as coisas. A vida faz mais sentido quando se está sozinho, à beira de um lago, em uma altitude elevada, com uma vara de pescar na mão. Os tentáculos do mundo e do meu falso eu pareciam ceder enquanto eu escalava no Holy Cross Wilderness [Deserto da Santa Cruz], no Colorado. No segundo dia, Deus começou a falar. "John, você pode aceitar o emprego se quiser. Não é pecado. Mas isso vai te matar e você sabe disso." Ele estava certo; aquilo tinha "falso eu" escrito por todos os lados. "Se você quiser me seguir", continuou ele, "eu estou indo por ali." Eu sabia exatamente o que ele queria dizer: "por ali" ia para o deserto, os confins. Na semana seguinte, três telefonemas se deram em uma sucessão surpreendente. O primeiro foi da firma de Washington; eu lhes disse que não era o homem para o cargo, que ligassem para outra pessoa. Quando desliguei o telefone, meu falso eu estava gritando: "O que você está fazendo?!" No dia seguinte, o telefone tocou de novo; era minha esposa, contando-me que a universidade telefonara querendo saber do pagamento da minha primeira prestação. No terceiro dia, recebi uma ligação de um amigo de longa data, que vinha orando por mim e pela minha decisão. "Nós achamos que você deveria ir para a pós", disse ele. "E nós queremos pagar os seus custos lá."

> Duas estradas divergiram em um bosque e eu,
> Eu tomei aquela menos usada pelos viajantes,
> E isso fez toda a diferença.*

O QUE VOCÊ ESTÁ ESPERANDO?

Onde estaríamos hoje se Abraão tivesse pesado cuidadosamente os prós e contras do convite de Deus e decidido que preferiria

---

* Poema *The Road not Taken*, de Robert Frost. [N. do T.]

manter seus benefícios médicos, férias pagas por três semanas e plano de aposentadoria em Ur? O que teria acontecido se Moisés houvesse escutado o conselho de sua mãe de "nunca brincar com fogo" e vivesse uma vida cuidadosa e cautelosa, longe de todos os arbustos em chamas? Você não teria o evangelho se Paulo tivesse concluído que a vida de um fariseu, embora não fosse tudo aquilo que um homem sonha, era pelo menos previsível e, com certeza, mais estável do que seguir uma voz que ele ouviu na estrada de Damasco. Afinal, as pessoas ouvem vozes o tempo todo e quem sabe realmente se é Deus ou só a imaginação? Onde estaríamos se Jesus não fosse feroz, selvagem e romântico no âmago? Pensando bem, nós absolutamente não *seríamos* se Deus não houvesse assumido esse enorme risco de, para começo de conversa, nos criar.

A maioria dos homens gasta a energia de sua vida tentando eliminar o risco ou espremendo-o a um tamanho mais gerenciável. Os filhos ouvem "não" muito mais do que ouvem "sim"; os funcionários se sentem acorrentados e as esposas estão igualmente atadas. Se funcionar, se um homem conseguir assegurar sua vida contra todos os riscos, ele acabará em um casulo de autoproteção, questionando-se o tempo todo por que ele está sufocando. Se não funcionar, ele amaldiçoa Deus e duplica seus esforços e sua pressão sanguínea. Olhando para a estrutura do falso eu que os homens tendem a criar, ela sempre gira em torno de dois temas: agarrar-se a algum tipo de competência e rejeitar qualquer coisa que não possa ser controlada. Como diz David Whyte: "O preço de nossa vitalidade é a soma de todos os nossos medos."

Por haver assassinado o irmão, Caim é condenado por Deus à vida de um errante inquieto; cinco versículos depois, Caim está construindo uma cidade (Gênesis 4:12,17). Esse tipo de compromisso – a recusa em confiar em Deus e a busca por controle –

está arraigado a todo homem. Whyte fala sobre a diferença entre o desejo do falso eu de "ter poder *sobre* a experiência, controlar todos os eventos e consequências, e o desejo da alma de ter poder *por meio* da experiência, *não importando qual possa ser.*" Você literalmente sacrifica sua alma e seu verdadeiro poder quando insiste em controlar as coisas, como o cara de quem Jesus falou, que pensou finalmente ter conseguido fazer acontecer, construiu para si uns celeiros muito bons e morreu na mesma noite. "Pois, que adianta ao homem ganhar o mundo inteiro e perder a sua alma?" (Marcos 8:36). Você, a propósito, pode perder sua alma muito antes de morrer.

O biólogo canadense Farley Mowat sonhava em estudar os lobos no habitat deles, nos confins do Alasca. O livro *Os lobos não choram* é baseado nessa solitária expedição de pesquisa. Na versão cinematográfica, o personagem de Mowat é um leitor de livros chamado Tyler, que nunca nem acampou. Ele contrata um velho e louco piloto do Alasca, chamado Rosie Little, para levá-lo com todos seus equipamentos ao remoto vale de Blackstone, em pleno inverno. Voando no monomotor Cessna, sobre alguns dos mais belos, escarpados e perigosos ermos do mundo, Little espreita Tyler para descobrir o segredo de sua missão:

Little: Diga-me, Tyler... o que tem no vale de Blackstone? O que é? Manganês? [*Silêncio.*] Não pode ser petróleo. É ouro?

Tyler: É meio difícil de dizer.

Little: Você é um homem inteligente, Tyler... você guarda seu próprio conselho. Somos todos garimpeiros aqui em cima, certo, Tyler? Ciscando por aquela... aquela rachadura no chão... e para nunca mais ter de ciscar.

[*Depois de uma pausa*]
Vou te contar um segredinho, Tyler. O ouro não está no solo. O ouro não está em nenhum lugar por aqui. O verdadeiro ouro já passou dos sessenta, *tá* sentado em uma sala de estar, vidrado naquele tubo bobo, morrendo de tédio. Morrendo de tédio, Tyler.

De repente, o motor do avião tosse algumas vezes, falha e engasga... e depois, simplesmente, cessa. O único som é o vento sobre as asas.

Little: [*Gemidos*] Oh, céus.
Tyler: [*Em pânico*] O que há de errado?
Little: Pegue o manche.

Little entrega o controle do avião sem energia para Tyler (que nunca pilotou na vida) e começa a vasculhar freneticamente em uma velha caixa de ferramentas entre os assentos. Incapaz de encontrar o que está procurando, Little explode. Gritando, ele esvazia a caixa de ferramentas pelo avião todo. Então, de modo abrupto, ele para, esfregando calmamente o rosto com as mãos.

Tyler: [*Ainda em pânico e tentando pilotar o avião.*] O que há de errado?
Little: Tédio, Tyler. Tédio... isso é que está errado. Como você vence o tédio, Tyler? Aventura. AVENTURA, Tyler!

Little, então, chuta a porta do avião e quase desaparece do lado de fora, batendo em alguma coisa – talvez uma linha de combustível congelada. O motor entra em ação assim que eles estão prestes a voar para o lado de uma montanha. Little agarra o manche e os leva a uma subida íngreme, escapando por pouco do topo e, depois, descendo para um vale longo e majestoso abaixo.

Rosie Little pode ser louco, mas ele também é um gênio. Ele conhece o segredo do coração de um homem, a cura para o que o aflige. Muitos homens abandonam seus sonhos porque não estão dispostos a arriscar ou temem que não estejam à altura do desafio ou porque nunca lhes disseram que os desejos profundos em seu coração são *bons*. Mas a alma de um homem, o verdadeiro ouro ao qual Little se refere, não é feita para controlar coisas; é feita para a aventura. Algo em nós lembra, ainda que vagamente, que, quando colocou o homem na terra, Deus nos deu uma missão incrível: uma carta patente para explorar, construir, conquistar e cuidar de toda a criação. Era uma página em branco esperando para ser escrita; uma tela limpa esperando ser pintada. Bem, colega, Deus nunca revogou essa carta. Ainda está lá, esperando que o homem tome posse dela.

Se você tivesse permissão para fazer o que realmente quer, o que faria? Não pergunte "como"; isso vai atorar seu desejo pelos joelhos. "Como" nunca é a pergunta certa; "como" é uma pergunta sem fé. Significa: "A menos que eu possa ver claramente o meu caminho, não vou acreditar, não vou me aventurar." Quando o anjo disse a Zacarias que sua velha esposa lhe daria um filho chamado João, Zacarias perguntou como e ficou mudo por causa disso. "Como" é departamento de Deus. Ele está lhe perguntando *o quê*. O que está escrito em seu coração? O que faz você ganhar vida? Se você pudesse fazer o que sempre quis, o que seria? Veja, o chamado de um homem está escrito em seu verdadeiro coração, e ele o descobre quando entra nas partes remotas de seus desejos profundos. Parafraseando o conselho de Thurman para Gil

Bailie: Não se pergunte do que o mundo precisa, pergunte a si mesmo o que faz você ganhar vida, porque o que o mundo precisa é de *homens* que tenham ganhado vida.

O convite na livraria, devo observar, foi-me dado após alguns anos em minha vida cristã, quando a transformação do meu caráter estava em um ponto que eu podia ouvir isso sem sair correndo e fazer algo estúpido. Conheci homens que usaram conselhos desse tipo como permissão para deixar a esposa e fugir com a secretária. Eles estão *enganados* sobre para que foram feitos. Há um desígnio que Deus entremeou no tecido deste mundo e, se o violarmos, não podemos esperar encontrar a vida. Por nosso coração haver se afastado tanto de casa, ele nos deu a Lei, como uma espécie de corrimão para nos ajudar a voltar do precipício. Mas o objetivo do discipulado cristão é o coração transformado; movemo-nos de ser um menino que precisa da Lei para ser o homem que é capaz de viver pelo Espírito da lei. "Aqui vai o meu conselho: vivam nesta liberdade, motivados pelo Espírito de Deus; só assim vencerão seus impulsos egoístas... O legalismo não produz nada disso, apenas atrapalha" (Gálatas 5:16,23, A Mensagem).

A vida de um homem se torna uma aventura, a coisa toda assume um propósito transcendente quando ele libera o controle em troca da recuperação dos sonhos em seu coração. Às vezes, esses sonhos estão enterrados no profundo e é preciso cavar um pouco para chegar até eles. Prestemos atenção ao nosso desejo. Muitas vezes, as pistas estão em nosso passado, naqueles momentos em que nos encontrávamos amando o que fazíamos. Os detalhes e as circunstâncias mudam à medida que crescemos, mas o tema permanece o mesmo. Quando menino, Dale era o chefe do bando da vizinhança; na faculdade, era o capitão da equipe de tênis. O que lhe faz ganhar vida é liderar homens. Para Charles, era a arte; quando criança, ele sempre desenhou. No ensino médio, o que ele mais amava era a aula de cerâmica. Ele desistiu de pintar após a faculdade e, finalmente, voltou a ganhar vida quando, aos 51 anos, recuperou isso.

Para recuperar o desejo de seu coração, o homem precisa se afastar do ruído e da distração de sua vida cotidiana, para ter um tempo com a própria alma. Ele precisa ir para o deserto, para o silêncio e a solidão. Sozinho consigo mesmo, ele permite que o que estiver ali venha à tona. Às vezes, é um lamento por todo o longo tempo perdido. Ali, sob o lamento, existem desejos há muito abandonados. Às vezes, até começa com uma tentação, quando um homem acha que algo profano é o que realmente fará com que ele ganhe vida. Nesse ponto, ele deve se perguntar: "Qual é o desejo *por trás* desse desejo? Que é que eu quero e acho que encontrarei ali?" Como quer que o desejo comece a surgir, nós seguimos esse rastro quando permitimos que um clamor surja das profundezas de nossa alma, um clamor, como diz Whyte, "por um tipo de coragem esquecida, difícil de ouvir, exigindo não um despertar, mas uma outra vida."

> Estudei muitas vezes
> O mármore que foi esculpido para mim
> Um barco com uma vela enrolada, repousando em um porto.
> Na verdade, não retrata meu destino,
> Mas minha vida.
> Pois o amor me foi oferecido e eu me encolhi à sua desilusão;
> A tristeza bateu-me à porta, mas eu estava com medo:
> A ambição me chamou, mas eu temia as possibilidades.
> Contudo, durante todo o tempo, eu tinha fome de sig-

nificado em minha vida
E agora eu sei que devemos içar a vela
E pegar os ventos do destino
Para onde quer que ele dirija o barco.
Dar significado à vida de alguém pode acabar em loucura,
Mas a vida sem significado é a tortura
Da inquietude e do desejo vago –
É um barco ansiando pelo mar e que, todavia, tem medo.*

(Edgar Lee Masters)

PARA DENTRO DO DESCONHECIDO

"A vida espiritual não pode ser suburbana", disse Howard Macey. "É sempre fronteiriça e nós que vivemos nela devemos aceitar, e até mesmo nos alegrar, que ela permaneça indomável." O maior obstáculo à realização de nossos sonhos é o ódio que o falso eu tem do mistério. Isso é um problema, perceba, porque *o mistério é essencial para a aventura*. Mais do que isso, o mistério é o coração do universo e do Deus que o criou. Os aspectos mais importantes do mundo de qualquer homem – seu relacionamento com seu Deus e com as pessoas em sua vida, seu chamado, as batalhas espirituais que enfrentará – são, cada um deles, repletos de mistério. Mas isso não é uma coisa ruim; é uma parte alegre e rica da realidade, e é essencial para a sede de aventura da nossa alma. Como diz Oswald Chambers:

> Naturalmente, somos inclinados a ser tão matemáticos
> e calculistas que consideramos a incerteza como algo

---
* Poema *George Gray*, de Edgar Lee Masters. [N. do T.]

ruim... A certeza é a marca da vida do senso comum; a incerteza graciosa é a marca da vida espiritual. Estar certo de Deus significa que estamos incertos em todos os nossos caminhos, não sabemos o que o dia pode trazer. Isso geralmente é dito com um suspiro de tristeza; deveria, antes, ser uma expressão da expectativa de tirar o fôlego.*

Não há fórmulas com Deus. Ponto. Portanto, não há fórmulas para o homem que o segue. Deus é uma Pessoa, não uma doutrina. Ele opera não como um sistema – nem mesmo um sistema teológico –, mas com toda a originalidade de uma pessoa verdadeiramente livre e viva. "O reino de Deus é perigoso", disse o arcebispo Anthony Bloom. "Você deve entrar nele e não apenas buscar informações sobre ele." Pegue Josué e a batalha de Jericó. Os israelitas estão em posição para fazer seu primeiro ataque militar na terra prometida e há muita coisa dependendo deste momento: a moral das tropas, sua confiança em Josué, sem mencionar a reputação deles, que os precedia, aos olhos de todos os outros inimigos que os aguardavam. Este é o Dia D deles, por assim dizer, e a palavra está se espalhando. Como Deus inicia a coisa toda para ter um bom começo? Ele os faz marchar pela cidade tocando trombetas por uma semana; no sétimo dia, ele os faz dar sete voltas e, depois, dar um grande grito. Funciona maravilhosamente, claro. E, sabe de uma coisa? Isso nunca acontece novamente! Israel nunca mais usa essa tática de novo.

Tem Gideão e seu exército, reduzido de 32 mil para 300. Qual é o plano de ataque deles? Tochas e jarros vazios. Também

---

* CHAMBERS. Op. cit.

funciona esplendidamente bem e também nunca mais acontece. Você se lembra de Jesus curando os cegos – ele nunca faz do mesmo jeito duas vezes. Espero que você esteja pegando a ideia, porque a igreja foi realmente absorvida pelo mundo nisto. A Era Moderna odiava o mistério; o homem desejava desesperadamente um meio de controlar a própria vida e parecemos haver encontrado a Torre de Babel suprema no método científico. Não me entenda mal, a ciência nos deu muitos avanços maravilhosos em saneamento, medicina e transporte. Mas nós tentamos usar esses métodos para domar a selvageria da fronteira espiritual. Pegamos os mais recentes métodos de *marketing*, o mais novo modismo de gerenciamento de negócios e aplicamos ao ministério. O problema com a obsessão do cristianismo moderno pelos princípios é que isso remove qualquer conversa real com Deus. Encontre o princípio, aplique o princípio – para que você precisa de Deus? Oswald Chambers nos adverte sobre isso: "Nunca crie um princípio a partir de sua experiência; deixe Deus ser tão original com outras pessoas quanto é com você."

Originalidade e criatividade são essenciais à personalidade e à força masculina. A aventura começa e nossa força *real* é liberada quando não dependemos mais de fórmulas. Deus é uma Pessoa imensamente criativa e ele quer que seus filhos também vivam dessa maneira. Há uma grande imagem disso (quem diria!) no filme *Os caçadores da arca perdida*. É claro que Indiana Jones é um herói fanfarrão, que consegue lidar com História Antiga, mulheres bonitas e uma arma com muita facilidade. Mas o teste real para o homem vem quando todos seus recursos falharam. Ele finalmente encontrou a famosa arca, mas os alemães a roubaram e a colocaram em um caminhão. Eles estão prestes a partir com o sonho dele sob proteção militar nazista pesada. Jones e seus dois companheiros estão assistindo impotentes enquanto a vitória lhes escorrega por entre os dedos. Mas Indiana não está acabado; ah, não! O jogo apenas começou. Ele diz para os amigos:

Jones: Voltem para o Cairo. Consigam-nos algum transporte para a Inglaterra... barco, avião, qualquer coisa. Encontrem-me no Omar. Estejam prontos. Eu vou atrás daquele caminhão.
Sallah: Como?
Jones: Não sei... Vou inventando no caminho.

Quando se trata de viver e amar, o necessário é a disposição de saltar com os dois pés e ser criativo à medida que se vai indo. Aqui está apenas um exemplo: Há alguns anos, cheguei em casa de uma viagem, numa tarde de domingo, e encontrei os meninos brincando no jardim da frente. Era um dia frio de novembro, frio demais para ficar do lado de fora, e então perguntei o que estava acontecendo. "Mamãe nos expulsou." Sabendo que geralmente há uma boa razão quando Stasi os expulsa, eu os pressionei para tirar uma confissão, mas eles sustentaram a própria inocência. Assim, dirigi-me à porta, para ouvir o outro lado da história. "Eu não iria lá se eu fosse você, pai", alertou Sam, "ela está de mau humor." Eu sabia exatamente o que ele estava descrevendo. A casa estava fechada; dentro, tudo estava escuro e quieto.

Agora, deixe-me perguntar aos homens lendo isto: O que tudo dentro de mim me dizia para fazer? *Fuja. Nem pense em entrar. Fique do lado de fora.* E, sabe de uma coisa? Eu poderia ter ficado do lado de fora e pareceria um ótimo pai, brincando com meus filhos. Mas estou cansado de ser esse homem; eu fugi durante anos. Vezes demais eu banquei o covarde e estou farto disso. Eu abri a porta, entrei, subi as escadas, fui até nosso quarto, sentei-me na cama e fiz à minha mulher a pergunta mais aterrorizante que alguém pode fazer à mulher: "O que há de errado?" Depois disso, tudo é mistério. Uma mulher não quer ser "consertada". Ela certamente não quer ser tratada como um problema a ser resolvido. Ela não quer ser resolvida; ela quer ser *conhecida*. O autor Mike Mason está absolutamente certo quando chama o casamento de "confim selvagem".

O mesmo vale para as batalhas espirituais que enfrentamos. Após desembarcarem na França, os Aliados encontraram algo que ninguém havia planejado e para o qual não estavam preparados: cercas vivas. Fechando todos os campos, do mar a Verdun, estava um muro de terra, arbustos e árvores. Fotografias aéreas revelavam a existência das cercas vivas, mas os Aliados presumiram que eram como as encontradas em toda a Inglaterra, com meio metro de altura. As sebes normandas tinham três metros de altura e eram impenetráveis, uma verdadeira fortaleza. Se os Aliados usassem os solitários portões para dentro de cada campo, eles seriam trucidados por metralhadoras alemãs. Se tentassem dirigir os tanques por cima, o ventre deles ficaria exposto a armas antitanques. Eles tiveram de improvisar. Garotos americanos da fazenda montaram todo tipo de engenhoca na frente dos tanques Sherman, o que lhes permitiu fazer buracos para explosivos ou atravessar pelas cercas vivas. Os mecânicos dos EUA reconstruíram os tanques danificados durante a noite. Um capitão disse:

> Comecei a perceber algo sobre o exército americano que eu nunca antes havia pensado ser possível. Embora seja altamente arregimentado e burocrático sob as condições da guarnição, quando entra em campo, o Exército relaxa

e a iniciativa individual surge e ele faz o que deve ser feito. Esse tipo de flexibilidade foi uma das grandes forças do Exército americano na Segunda Guerra Mundial.*

Foi realmente a ingenuidade ianque que venceu a guerra. É onde estamos agora: em meio a uma batalha, sem o treinamento de que precisamos de fato, e há poucos homens por perto para nos mostrar como fazer. Nós vamos ter que descobrir muita coisa por nós mesmos. Sabemos como frequentar a igreja; fomos ensinados a não praguejar, beber ou fumar. Sabemos ser legaizinhos. Mas não sabemos como lutar, e vamos ter de aprender no caminho. É aí que nossa força será cristalizada, aprofundada e *revelada*. Um homem nunca é mais homem do que quando abraça uma aventura além de seu controle, ou quando entra em uma batalha que não tem certeza de vencer. Como escreveu Antonio Machado:

> A humanidade possui quatro coisas
> Que não são boas no mar:
> Leme, âncora, remos,
> E o medo de afundar.

DA FÓRMULA AO RELACIONAMENTO

Não estou sugerindo que a vida cristã seja caótica ou que um homem de verdade seja flagrantemente irresponsável. O posudo que desperdiça seu salário na pista de corridas ou nas máquinas caça-níqueis não é um homem, é um tolo. O preguiçoso que deixa o emprego e faz a esposa ter de trabalhar para ele poder ficar em casa e praticar sua tacada de golfe, achando que fará o tour profissional, é "pior que um descrente" (1Timóteo 5:8). O que

---
* AMBROSE. Op. cit.

estou dizendo é que nosso falso eu exige uma fórmula antes de se envolver; ele quer uma garantia de sucesso, e, caro senhor, você não vai conseguir uma. Então chega um momento na vida de um homem em que ele tem de romper com tudo isso e seguir para o desconhecido com Deus. Essa é uma parte vital de nossa jornada e, se empacarmos aqui, a jornada termina.

Antes do momento da maior provação de Adão, Deus não forneceu um plano passo a passo, não deu nenhuma fórmula sobre como lidar com toda a confusão. Isso não foi abandono; foi o modo de Deus *honrar* Adão. "Você é um homem; você não precisa que eu segure sua mão para passar por isso. Você tem o que é preciso." O que Deus *ofereceu* a Adão foi amizade. Ele não foi deixado sozinho para encarar a vida; ele andava com Deus no frescor do dia e ali conversavam sobre amor, casamento e criatividade. Que lições ele estava aprendendo e que aventuras estavam por vir! Isto é o que Deus oferece a nós também. Como diz Chambers:

> Aí vem o chamado intrigante de Deus em nossa vida também. O chamado de Deus nunca pode ser declarado explicitamente; ele é implícito. O chamado de Deus é como o chamado do mar, ninguém o ouve senão aquele que tem em si a natureza do mar. Não se pode declarar definitivamente qual é o chamado de Deus, *porque seu chamado é estar em comunhão consigo mesmo* para seus próprios propósitos, e o teste é crer que Deus sabe o que quer.[*]

A única maneira de viver nesta aventura – com todo seu perigo e imprevisibilidade e apostas imensamente altas – é um rela-

---

[*] CHAMBERS. Op. cit., grifo do autor.

cionamento íntimo e contínuo com Deus. O controle pelo qual tão desesperadamente ansiamos é uma ilusão. É, de longe, muito melhor desistir disso em troca da oferta de companheirismo de Deus, deixar de lado as fórmulas obsoletas para poder entrar em uma amizade informal. Abraão conheceu isso; Moisés também. Leia os primeiros tantos capítulos do Êxodo: é preenchido com um dar e receber entre Moisés e Deus. "Então o SENHOR disse a Moisés", "então Moisés disse ao SENHOR." Os dois agem como se conhecessem, como se fossem, de fato, aliados íntimos. Davi (um homem segundo o coração de Deus) também andou, guerreou e amou o seu caminho pela vida em uma intimidade de conversação com Deus.

> Ao saberem que Davi tinha sido ungido rei de Israel, os filisteus foram com todo o exército prendê-lo, mas Davi soube disso e foi para a fortaleza. Tendo os filisteus se espalhado pelo vale de Refaim, Davi perguntou ao SENHOR: "Devo atacar os filisteus? Tu os entregarás nas minhas mãos?"
> O SENHOR lhe respondeu: "Vá, eu os entregarei nas suas mãos".
> Então Davi foi a Baal-Perazim e lá os derrotou...
> Mais uma vez os filisteus marcharam e se espalharam pelo vale de Refaim; então Davi consultou o SENHOR de novo, que lhe respondeu: "Não ataque pela frente, mas dê a volta por trás deles e ataque-os em frente das amoreiras. Assim que você ouvir um som de passos por cima das amoreiras, saia rapidamente, pois será esse o sinal de que o SENHOR saiu à sua frente para ferir o exército filisteu". Davi fez como o SENHOR lhe tinha orde-

nado, e derrotou os filisteus por todo o caminho, desde Gibeom até Gezer. (2Samuel 5:17-20,22-25)

Aqui, uma vez mais, não há fórmula rígida para Davi; a coisa muda conforme ele vai indo, confiando no conselho de Deus. É assim que todos os camaradas e companheiros de Deus vivem. Jesus disse: "Já não os chamo servos, porque o servo não sabe o que o seu senhor faz. Em vez disso, eu os tenho chamado amigos, porque tudo o que ouvi de meu Pai eu lhes tornei conhecido" (João 15:15). Deus lhe chama de amigo. Ele quer falar com você – pessoalmente, com frequência. Como escreve Dallas Willard: "O ideal para a orientação divina é... um relacionamento de conversação com Deus: o tipo de relacionamento adequado para amigos que são personalidades maduras em um empreendimento em comum." Nossa jornada inteira, para a masculinidade autêntica, gira em torno dessas conversas com Deus quando "sopra a brisa do dia". Perguntas simples mudam as chateações em aventuras; os eventos de nossa vida se tornam oportunidades para iniciação. "O que estás me ensinando aqui, Deus? O que estás me pedindo para fazer... ou para deixar? Sobre o que, em meu coração, tu estás falando?"

MAIS ADIANTE E MAIS ACIMA

Há anos eu quero escalar um dos grandes picos – Denali, talvez –, e, depois disso, quem sabe até o Everest. Algo chama meu coração toda vez que eu vejo uma foto ou leio um relato de outra tentativa. O fascínio dos lugares selvagens que deixamos me assombra, mas também há o desejo de um desafio que exija tudo o que tenho. Sim, até perigo; talvez especialmente perigo. Algumas pessoas acham que sou louco e sei que esse sonho pode nunca ser realizado em minha vida, mas isso não me desanima; há algo simbólico neste desejo e não posso deixar isso passar. É crucial que isso seja entendido por nós. Temos desejos em nosso coração que são essenciais para quem e o que somos; eles são quase míticos em seu significado, despertando em nós algo transcendente e eterno. Mas podemos nos enganar sobre como esses desejos serão vividos. O modo pelo qual Deus cumpre um desejo pode ser diferente daquele que despertou você inicialmente.

No ano passado, mais ou menos, eu tomei uma série de decisões que não fazem sentido a menos que haja um Deus e eu seja seu amigo. Deixei o emprego na empresa e comecei a trabalhar por conta própria, seguindo um sonho que há muito tempo eu temia. Eu juntei os pedaços quebrados de uma visão que perdi quando meu melhor amigo e parceiro Brent morreu em um acidente de escalada. O que parece mais loucura nisso tudo: eu me abri novamente para amizade e novos parceiros, e estamos indo para onde Brent e eu paramos. A batalha tem sido intensa; uma subida íngreme que tem exigido tudo o que tenho. As apostas que estou fazendo agora são altíssimas – financeiramente, com certeza –, porém mais espiritual e relacionalmente. Está exigindo uma concentração de corpo, alma e espírito que nunca tive antes.

O que talvez seja a parte mais difícil é o mal-entendido com o qual eu vivo com os outros diariamente. Às vezes, os ventos uivam ao meu redor; outras vezes temo cair. Outro dia eu estava me sentindo segurando a pontinha da corda, abrindo caminho por uma face que era puro risco. Do meu coração surgiu uma pergunta: *O que estamos fazendo, Deus?*

"Escalando o Everest", disse ele.

CAPÍTULO 12

ESCREVENDO O PRÓXIMO CAPÍTULO

A liberdade é inútil se não a exercitarmos como personagens fazendo escolhas... Poucas coisas são tão encorajadoras quanto a percepção de que as coisas podem ser diferentes e que temos um papel em fazer isso.

Daniel Taylor

Obedeça a Deus naquela coisa que ele lhe mostra e, instantaneamente, a seguinte será descoberta. Deus nunca revelará mais verdade sobre si mesmo até que você tenha obedecido ao que já sabe... Este capítulo revela o prazer da verdadeira amizade com Deus.

Oswald Chambers

No mesmo instante eles deixaram as suas redes e o seguiram.

Mateus 4:20

Agora, leitor, é a sua vez de escrever: aventure-se com Deus. Lembre-se, não pergunte o que o mundo precisa...

Qual é a vida que você quer viver? Para o que Deus tem lhe chamado, por meio dos profundos desejos de seu coração e do mover do Espírito dele em você? O próximo capítulo é você quem escreve.

EPÍLOGO

E AGORA?

A jornada começou. A batalha foi aderida.
    Algumas palavras agora antes que ela o assole. Jesus contou uma história sobre um semeador e sua semente. É um conto bastante desanimador. Ele diz que apenas um em cada quatro caras consegue. Os outros três são eliminados: pelo mundo, pela própria carne ou pelo Maligno. Mas você sabe que isso é verdade. A essa altura, eu já viajei muitas milhas com homens; juntos, aprendemos muitas lições difíceis. Sim, eu tenho visto muitos vacilarem e falharem. Mas também vi muitos se levantarem e vencerem. Vou resumir em uns poucos conselhos essenciais para você que quer ser o valente, aquele um em cada quatro:
    Primeiro: não se apresse para a próxima coisa. A igreja é cheia de modismo, o mundo é um circo de distração. Você vive na *Matrix*, você vive em um mundo em guerra. Não largue este livro enquanto estiver pensando consigo mesmo: *Isso é bom. O que será que tem para o jantar?* Sua jornada masculina é a missão central de sua vida; tudo depende de seu sucesso aqui. Então, fique com isso! Este modo de vida que expus aqui tem transformado completamente a vida de milhares de homens; eles lhe diriam agora

que não há nada comparado à liberdade e à vida que pode ser obtida. Mas você deve escolher isso. Você deve ser intencional. Ou o mundo, sua carne e o diabo comerão você no almoço.

Faça "A oração diária" (no apêndice). Isso lhe salvará. Você pode gravá-la para ouvi-la enquanto dirige para o trabalho, é de grande ajuda.

Faça o Manual de Campo que escrevi para este livro. Isso lhe dará o equivalente a dois anos de aconselhamento por um valor baixo.

Junte alguns caras. Você precisa de irmãos. Aliados. Não uma reunião de homens legaizinhos, mas um bando de homens muito perigosos. Estudem este livro juntos, isso levará vocês a um nível de camaradagem que a maioria dos homens nunca encontra.

Agora, se você é casado: dê à sua esposa *Em busca da alma feminina* para ler (é a versão feminina deste livro). Quanto mais ela for restaurada como mulher, melhor para vocês dois.

Junte-se à revolução. Procure outros homens. Ensine uma turma, lidere um pequeno grupo, faça um retiro. Eu dou esta mensagem a você; use-a para resgatar outros. Será uma das coisas mais empolgantes que você já fez.

Busque uma cura adicional. Aprenda a lutar. Desenvolva uma intimidade de conversação com Deus. Isto é apenas o começo: existe um reino inteiro esperando além desta porta.

APÊNDICE
A ORAÇÃO DIÁRIA

Meu querido Senhor Jesus, venho a ti agora para ser restaurado, para receber tua vida e teu amor e toda a graça e misericórdia de que tanto preciso neste dia. Honro-te como meu Soberano, e rendo todas as dimensões de meu espírito, alma e corpo, meu coração, mente e vontade a ti. Cobre-me com teu sangue: meu espírito, alma e corpo, meu coração, mente e vontade. Peço que teu Espírito Santo restaure minha união contigo, que me renove em ti e me conduza neste tempo de oração. Por tudo que eu oro agora, incluo [**esposa e filhos, pelo nome**]. Agindo como cabeça deles, eu os trago sob tua autoridade e cobertura, e eu me coloco sob tua autoridade e cobertura. Eu cubro [**esposa e filhos, pelo nome**] com teu sangue: espírito, alma e corpo, coração, mente e vontade deles. Peço que teu Espírito os restaure em ti, que os renove em ti e aplique a eles tudo o que oro em favor deles, agindo como cabeça deles. Em tudo o que oro agora, estou em total concordância com teu Espírito e com meus intercessores e aliados, pelo teu Espírito somente.

Querido Deus, santa e vitoriosa Trindade, somente tu és digno de toda minha adoração, de toda devoção do meu coração, de todo meu louvor, de toda minha confiança e de toda a glória da minha vida. Eu te amo, eu te adoro, eu confio em ti. Eu me entrego a ti na busca do meu coração pela vida. Somente tu és Vida, e tu te tornaste a minha vida. Eu renuncio a todos os outros deuses, todos os ídolos, e dou a ti o lugar que realmente mereces em meu coração e em minha vida. Tu és o centro, Deus, e não eu. Tu és o Herói desta história e eu pertenço a ti. Perdoa-me por todos os meus pecados. Esquadrinha-me e conhece-me e revela-me onde tu estás trabalhando, e concede-me a graça de tua cura, libertação e um arrependimento profundo e verdadeiro.

Pai Celeste, obrigado por me amares e me escolheres antes de criares o mundo. Tu és meu verdadeiro Pai, meu Criador, Redentor, Sustentador e o verdadeiro fim de todas as coisas, inclusive de minha vida. Eu te amo, eu confio em ti, eu te adoro. Eu me entrego a ti para ser teu verdadeiro filho, para ser um contigo, como Jesus é um contigo. Obrigado por provares teu amor por mim enviando Jesus. Eu o recebo com toda sua vida e toda sua obra que tu ordenaste para mim. Obrigado por me incluíres em Cristo, perdoando-me os pecados, concedendo-me tua justiça, tornando-me completo nele. Obrigado por me tornares vivo com Cristo, ressuscitando-me com ele, assentando-me com ele à tua destra, estabelecendo-me na autoridade dele, e ungindo-me com teu Espírito Santo e teu favor. Eu recebo tudo isso com gratidão e concedo a isso plenos direitos em minha vida: meu espírito, alma e corpo, meu coração, mente e vontade. Eu trago a vida e a obra de Jesus Cristo sobre [**esposa e filhos, pelo nome**] e sobre meu lar, minha residência, meus veículos, minhas finanças, todo meu reino e domínio.

Jesus, obrigado por vires me resgatar com tua própria vida. Eu te honro como meu Senhor; eu te amo, eu te adoro, confio em ti. Eu me entrego a ti para ser um contigo em todas as coisas. Eu recebo de modo sincero toda a obra e todo triunfo de tua cruz, tua morte, teu sangue e sacrifício por mim; pelo que todo meu pecado é expiado, eu sou resgatado e transportado para o teu reino, minha natureza pecaminosa é removida, meu coração é circuncidado a Deus e todo direito sobre mim é revogado neste dia. Com [**esposa e filhos, pelo nome**], eu tomo agora meu lugar em tua cruz e morte, pelo que morri contigo para o pecado, para minha carne, para o mundo e para o Maligno. Eu tomo a cruz e crucifico minha carne com todo seu orgulho, arrogância, incredulidade e idolatria [**e qualquer outra coisa com a qual você esteja lutando atualmente**]. Eu deponho o velho homem. Aplica a mim e a [**esposa e filhos, pelo nome**] a plenitude da cruz, da morte, do sangue e do sacrifício de Jesus Cristo. Eu recebo isso com gratidão e concedo plenos direitos em meu espírito, alma e corpo, meu coração, mente e vontade.

Jesus, eu também recebo de modo sincero a ti como minha vida, minha santidade e santificação, e recebo toda a obra e o triunfo de tua ressurreição, pelo que tu vencestes: o pecado e a morte e o juízo. A morte não tem domínio sobre ti, nem o tem qualquer coisa imunda. E eu fui ressuscitado contigo para uma nova vida, para viver tua vida: morto para o pecado e vivo para Deus. Com [**esposa e filhos, pelo nome**], eu tomo agora meu lugar em tua ressurreição e em tua vida, pois sou salvo por teu sangue. Eu recebo tua presença hoje: tua humildade, teu amor e perdão, tua integridade, pureza e verdade, tua sabedoria, astúcia e teu discernimento, tua força, coragem e bravura, tua união com o Pai, tua alegria. Aplica a mim e a [**esposa e filhos, pelo nome**] a plenitude de tua vida e ressurreição. Eu recebo isso com gratidão e concedo plenos direitos em meu espírito, alma e corpo, meu coração, mente e vontade.

Jesus, eu também recebo de modo sincero a ti como minha autoridade, meu governo e domínio, minha vitória eterna contra Satanás e seu reino, e minha autoridade para trazer teu Reino em todos os momentos e em todos os aspectos. Eu recebo toda a obra e o triunfo de tua Ascensão, pelo que julgaste Satanás e o abateste, desarmaste-lhe o reino, e toda autoridade no céu e na Terra foi dada a ti. Jesus, tu és digno de receber toda a glória e honra, todo poder e domínio, agora e para sempre. Eu recebi plenitude em Ti, em tua autoridade e em teu trono. Com [**esposa e filhos, pelo nome**], tomo agora meu lugar em tua ascensão e em teu trono, pelo que fui ressuscitado contigo à destra do Pai e estabelecido em tua autoridade. Trago agora o poder, o governo e o domínio do Senhor Jesus Cristo sobre minha vida hoje, sobre [**esposa e filhos, pelo nome**], sobre meu lar, minha residência, minha terra, meus veículos e minhas finanças, sobre meu escritório, sobre meus bens e posses.

Eu agora trago a autoridade, o governo e o domínio do Senhor Jesus Cristo, e a plenitude da obra de Cristo, contra Satanás e seu reino, contra todo espírito infame e imundo [**neste momento eu nomeio todos os espíritos infames e imundos que sei estarem me atacando**]. Eu amarro todos os espíritos desprezíveis e imorais ao trono de Jesus Cristo. Trago a autoridade do Senhor Jesus Cristo e a plenitude da sua obra contra toda potestade sórdida e obra trevosa, e eu quebro a reivindicação delas sobre mim, pela obra de Cristo. Mantenho a obra completa do Filho de Deus entre mim e todas as pessoas, e proíbo a guerra delas de se transferirem a mim.

APÊNDICE

Espírito Santo, obrigado por teres vindo. Eu te amo, eu te adoro, eu confio em ti. Eu te recebo de modo sincero, e recebo toda a obra e todo o triunfo no Pentecostes, pelo que tu vieste, tu me revestiste com poder do alto, e me selaste em Cristo; tu te tornastes minha união com o Pai e o Filho, tornastes o Espírito da verdade em mim, a vida de Deus em mim, meu Conselheiro, Consolador, Força e Guia. Eu te honro como meu Soberano e, com [**esposa e filhos, pelo nome**], eu rendo completamente todos os aspectos e dimensões de meu espírito, alma e corpo, meu coração, mente e vontade a ti e só a ti, junto com o Pai e o Filho, para ser cheio contigo, andar em sintonia contigo em todas as coisas. Enche-me de modo novo. Restaura minha união com o Pai e o Filho. Guia-me em toda a verdade, unge-me por toda minha vida, todo meu andar e chamado, e leva-me para o mais profundo em Jesus, hoje. Recebo-te com gratidão e dou-te plenos direitos em minha vida.

Pai Celeste, obrigado por me concederes todas as bênçãos espirituais nos lugares celestiais em Cristo Jesus. Eu reivindico as riquezas em Cristo Jesus sobre minha casa, sobre [**esposa e filhos, pelo nome**] e sobre todo o meu domínio. Eu trago o sangue de Cristo sobre meu espírito, alma e corpo, meu coração, mente e vontade, e sobre o espírito, alma e corpo, coração, mente e vontade de [**esposa e filhos, pelo nome**]. Arma-me com tua armadura. Eu coloco teu cinto da verdade, a couraça da justiça, os calçados da prontidão do evangelho da paz e o capacete da salvação. Tomo o escudo da fé e a espada do Espírito, e escolho usar estas armas em todos os momentos, no poder de Deus. Eu escolho orar em todos os momentos no Espírito.

Eu convoco os anjos do Senhor Jesus Cristo e mando que destruam tudo o que se levantar contra mim neste dia, que estabeleçam teu Reino por todo meu reino e domínio, que ministrem o teu ministério e que sejam nossos companheiros no trajeto deste dia.

Eu invoco agora o Reino do Senhor Jesus Cristo neste dia, por todo meu lar, minha família, minha residência e meu reino, e na autoridade do Senhor Jesus Cristo e em nome dele, com toda a glória e honra e graças a ele. Amém.

ORAÇÃO POR CURA SEXUAL

Existe a possibilidade de cura para sua sexualidade; esta é uma verdade que traz muita esperança! Mas você tem de perceber que sua sexualidade é muito profunda e essencial à sua natureza como ser humano. O quebrantamento sexual pode ser um dos tipos mais profundos de quebrantamento que uma pessoa experimenta. Você deve levar sua cura e restauração a sério. Esta oração guiada ajudará imensamente. Você talvez sinta que precisa orar isso algumas vezes a fim de experimentar uma liberdade duradoura.

Uma breve explicação sobre as razões para se orar: Em primeiro lugar, quando usamos mal nossa sexualidade, para o pecado, damos a Satanás uma porta aberta para nos oprimir em nossa sexualidade. Um homem que usa a pornografia se encontrará em uma luta muito profunda com a luxúria; uma mulher sexualmente promíscua antes do casamento pode se ver lutando contra a tentação sexual anos depois. Por isso, é importante trazer nossa sexualidade sob o senhorio (e, portanto, proteção) do Senhor Jesus Cristo e buscar sua purificação para nossos pecados sexuais. Em segundo lugar, o quebrantamento sexual – seja por abuso de nossa sexualidade por nossas próprias ações ou por ações de outros – pode criar dificuldades sexuais e também abre as portas para o inimigo nos oprimir. Com muita frequência, o perdão é necessário: tanto a confiança de que somos perdoados pelo Senhor quanto a escolha que fazemos de perdoar os outros. Isso se mostrará imensamente libertador.

Vamos começar trazendo nossa vida e sexualidade sob o senhorio de Jesus Cristo:

> Senhor Jesus Cristo, confesso aqui e agora que tu és meu Criador (João 1:3) e, portanto, o criador da minha sexualidade. Confesso que tu também és meu Salvador, que me resgataste com teu sangue (1Coríntios 15:3; Mateus 20:28). Eu fui comprado com o sangue de Jesus Cristo; minha vida e meu corpo pertencem a Deus (1Coríntios 6:19,20). Jesus, eu me apresento a ti agora para ser feito inteiro e santo em todos os aspectos, inclusive em minha sexualidade. Tu nos pedes que apresentemos nosso corpo a ti como sacrifício vivo (Romanos 12:1) e os membros de nosso corpo como instrumentos de justiça (Romanos 6:13). Eu faço isso agora. Apresento meu corpo, minha sexualidade [**"como homem" ou "como mulher"**] e minha natureza sexual a ti.

Em seguida, você precisa renunciar às formas pelas quais abusou de sua sexualidade. Quanto mais específico puder ser, mais útil será. Sua sexualidade foi criada por Deus para prazer e alegria dentro do contexto da aliança matrimonial. A atividade sexual fora do casamento pode ser muito prejudicial à pessoa e aos relacionamentos (1Coríntios 6:18-20). O que você faz nesta parte da oração é confessar e renunciar a todo pecado sexual – por exemplo, a intimidade sexual fora do casamento. Não apenas relações sexuais, mas também outras formas de intimidade sexual, como masturbação mútua ou sexo oral. Muitas pessoas assumem que isso "não conta realmente como pecado", porque não resultou em relações sexuais consumadas; no entanto, houve estimulação sexual e intimidade fora do casamento. Tenha em mente que existe o "Espírito da lei" e a "letra da lei". O que importa são as questões do coração e da mente, bem como do corpo. Outros exemplos de pecados a serem renunciados seriam os casos extraconjugais, o uso de pornografia, atos homossexuais e fantasias sexuais.

Você talvez saiba exatamente o que precisa confessar e renunciar; talvez precise pedir a ajuda de Deus para se lembrar. Tome o tempo necessário aqui. Conforme memórias e eventos lhe vêm à mente, confesse e renuncie a eles. Por exemplo: "Senhor Jesus, peço-te perdão pelos meus pecados de masturbação e uso de pornografia. Eu renuncio a esses pecados em teu nome." Depois de haver confessado seus pecados – e não ficar amarrado tentando lembrar cada um deles, apenas confiando em Deus para lembrá-lo – então, continue com o restante da oração.

> Jesus, peço ao teu Espírito Santo que me ajude agora a lembrar, confessar e renunciar aos meus pecados sexuais. [**Pause. Ouça. Lembre-se. Confesse e renuncie.**] Senhor Jesus, peço-te perdão por todo ato de pecado sexual. Tu prometeste que, se confessarmos os nossos pecados, tu és fiel e justo para nos perdoar os pecados e nos purificar de toda injustiça (1João 1:9). Peço-te que me limpes de meus pecados sexuais agora, purifica meu corpo, alma e espírito, purifica meu coração, mente e vontade, purifica minha sexualidade. Obrigado por me

perdoar e me purificar. Eu recebo teu perdão e purificação. Renuncio a todos os direitos que dei a Satanás em minha vida ou sexualidade por meio dos meus pecados sexuais. Esses direitos são agora renunciados pela cruz e pelo sangue de Jesus Cristo (Colossenses 2:13-15).

A seguir vêm as questões do perdão. É vital que você perdoe a si mesmo e àqueles que sexualmente lhe causaram dano. LEIA CUIDADOSAMENTE: O perdão é uma *escolha*; com frequência temos de tomar a *decisão* de perdoar muito antes de nos *sentirmos* perdoadores. Percebemos que isso pode ser difícil, mas a liberdade que você encontrará valerá a pena! O perdão não diz: "Isso não me feriu." O perdão não diz: "Não importa." O perdão é o ato pelo qual absolvemos a pessoa, nós a libertamos de toda amargura e julgamento. Nós a entregamos a Deus, para que ele lide com ela.

> Senhor Jesus, eu te agradeço por me ofereceres perdão total e completo. Eu recebo esse perdão agora. Eu escolho me perdoar por todos os meus delitos sexuais. Eu também escolho perdoar aqueles que sexualmente me causaram dano. [**Seja específico aqui; nomeie essas pessoas e as perdoe.**] Eu os libero para ti. Eu libero toda minha raiva e todo meu julgamento em relação a eles. Vem, Senhor Jesus, a esta dor que eles me causaram, e cura-me com teu amor.

Este próximo passo envolve quebrar os vínculos emocionais e espirituais doentios, formados com outras pessoas, por meio do pecado sexual. Uma das razões pelas quais a Bíblia leva o pecado sexual tão a sério é por causa do dano que ele causa. Outra razão é por causa dos laços que ele forma com as pessoas, laços que deveriam ser formados apenas entre marido e mulher (ver 1Coríntios 6:15-20). Um dos efeitos maravilhosos da cruz de nosso Senhor Jesus Cristo é que ela quebra esses laços prejudiciais. "Quanto a mim, que eu jamais me glorie, a não ser na cruz de nosso Senhor Jesus Cristo, por meio da qual o mundo foi crucificado para mim, e eu para o mundo" (Gálatas 6:14).

Agora trago a cruz do meu Senhor Jesus Cristo entre mim e todos aqueles de quem fui sexualmente íntimo. **[Nomeie-os especificamente sempre que possível. Além disso, nomeie os que abusaram sexualmente de você.]** Eu quebro todos os vínculos sexuais, emocionais e espirituais com **[nomeie, se possível, ou apenas diga "aquela garota na escola", se você não conseguir lembrar o nome dela]**. Eu mantenho a cruz de Cristo entre nós.

Muitas pessoas experimentam consequências negativas pelo mau uso de sua sexualidade. Essas consequências podem ser culpa persistente (mesmo depois da confissão) ou tentação sexual repetitiva. A consequência também pode ser a incapacidade de desfrutar do sexo com o próprio cônjuge. Ajudará trazer a obra de Cristo aqui também. Muitas pessoas acabam fazendo "acordos" não saudáveis sobre sexo ou sobre si mesmos, sobre homens ou mulheres ou intimidade, por causa do dano que sofreram em função do pecado sexual (pecado deles ou pecado de alguém contra eles). Vai ser bom você perguntar a Cristo quais são esses acordos e *quebrá-los*!

Eu renuncio [**nomeie qual é a luta: "a incapacidade de ter um orgasmo" ou "essa vergonha persistente" ou "o ódio pelo meu corpo"**]. Eu trago a cruz e o sangue de Jesus Cristo contra isto [**culpa ou vergonha, toda consequência negativa**]. Senhor Jesus, peço-te também que revele-me quaisquer acordos que eu tenha feito sobre minha sexualidade ou essa luta específica. [**Um exemplo seria "Eu sempre vou lutar com isso" ou "eu não mereço desfrutar de sexo agora" ou "minha sexualidade é suja". Faça uma pausa e deixe Jesus revelar esses acordos a você. E então, quebre-os.**] Eu quebro este acordo [**nomeie-o**] em nome do meu Senhor Jesus Cristo, e eu renuncio a todo direito que dei a esse acordo em minha vida.

Por fim, será útil consagrar sua sexualidade a Jesus Cristo uma vez mais.

Senhor Jesus, eu agora consagro minha sexualidade a ti em todos os aspectos. Consagro a ti minha intimidade sexual com meu cônjuge. Peço-te que purifiques e cures minha sexualidade e nossa intimidade sexual em todos os aspectos. Peço que tua graça curadora venha e me liberte de todas as consequências do pecado sexual. Peço que enchas minha sexualidade com teu amor e tua bondade curadora. Restaura minha sexualidade na totalidade. Permite que eu e meu cônjuge experimentemos toda intimidade e o prazer que tu intencionas que um homem e uma mulher desfrutem no casamento. Eu oro tudo isso em nome de Jesus Cristo, meu Senhor. Amém!

Eu poderia relatar muitas, muitas histórias impressionantes de redenção que vieram como resultado de indivíduos e casais orando este tipo de oração. Agora, lembre-se: às vezes, as feridas e as consequências levam tempo para se curar. Vai ser bom revisitar esta oração várias vezes se a cura duradoura ainda não houver ocorrido. Você pode se lembrar de ações que precisam de confissão muito tempo depois de terminar este livro; volte a esta oração e confesse-as também. Alguns também se beneficiarão de procurar um bom conselheiro cristão. Agarre-se a estas verdades: Você, seu corpo e sua sexualidade pertencem a Jesus Cristo.

Ele o perdoou completamente.

Ele criou sua sexualidade para ser inteira e santa.

Ele criou sua sexualidade para ser uma fonte de intimidade e alegria.

Jesus Cristo veio para buscar e salvar "o que estava perdido" (Lucas 19:10), incluindo tudo o que estava perdido quanto às bênçãos que ele intencionava por meio de nossa sexualidade!

Este livro foi impresso pela Assahi em 2025, para a Thomas Nelson Brasil. O papel do miolo é pólen natural 70g/m² e o da capa é cartão 250 g/m².